教子書

一有教無類，天生我材必有用一

Race
Prosperity

淘氣阿隆・王興隆 (小鳳嘟嘟圓圓龍龍的爸爸)／著

| 目錄 |
contents

教子書出版自序
Preface

《淘氣阿隆》1995年發行2萬本

2021年發行1萬多本

許多小朋友會對照阿隆什麼階段發生什麼有趣的故事

期待未來的成長

我四個孩子也不例外

現在將寫給他們的上千則短信

請繁榮志工的文編組精選

發行書籍

提供給天下後起之秀

都像小鳳嘟嘟圓圓龍龍

成為快樂善良濟弱扶傾的人

善待所有人

感恩每人對社會的貢獻

這本《教子書》由時報文化出版社發行

我以一百萬元購買

隨繁榮公益福袋贈送到全台偏鄉

高中大學隨緣分享

祝福太平盛世早日到來

王興隆 胡貞一

王啟芬 王啟芳 王啟芸 王啟倫

敬獻

2024年1月於台北

編者序言
Editor's Preface

感恩阿隆老師！

昨天終於交卷了，感謝您指派這次任務，培玟得到滿滿的收穫。

這期間感謝組長趙老師，總在關鍵時刻提供培玟心靈的解方，執行過程也讓我放下不少執念，雖然對她而言，或許

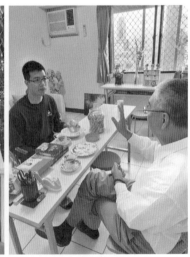

只是簡單的三言兩語。

　　得知承擔這次專案彙編，真是誠惶誠恐，怎麼獨獨讓沒有編輯經驗的培玫來執行。

　　遇到不少障礙時、收錄擷取文字時，才意會出德玉和淑惠整理逐字稿好在哪裡，也對她們的下標能力及文章的流暢度深感佩服，方醒悟這正是給文編組最短版的培玫些許提升的契機，未來才好在編輯工作上與大家平行對話。

　　我因為國學和文字功力太差，再加上理解文章花了些時間，所以讓整個時程延後不少。感謝您沒讓培玫有任何壓力，同時給予很大的支持。您曾說領導者要負起全責並給予支持和信賴，這次的親身體會，很觸動，您書中所言，即是您身所行，讓我感受甚深。

　　我算是這本書的第一個讀者，也是第一個受惠者。集結

文章過程碰到的障礙，都在書中找到答案，也終能一一克服。這幾日趁空和朋友們分享了閱讀小心得，大家都很期待看到這本書，未來若有機會，很樂於在讀書會運用這本書，相信將衍生更多火花。書中的各式心法，定能幫助許多人和諧家庭、共同繁榮祥和社會，讓這塊土地充滿溫馨。

這是一本充滿感動，也是您與親友、社會賢達及有緣相遇者們共譜的智慧之書，很幸運我們都身在其中。

CHAPTER 1

偵

Race Prosperity

我們遇到的都是有緣人

人在各階段所成就的
都是其來有自
如果不是長年閱歷的人事物
因緣不俱足是成不了大事
大大小小的挫折都在練就為將來完成的任務而做準備
知道這麼一回事 成不驕敗不喪志
這不是結果 這只是必經的試煉
你準備好了
就有任務下達 非你莫屬
全力以赴不辱使命
看別人在執行他們任務時
千萬不要心生嫉妒
反而抱著成人之美的胸懷
祝福他們成功服務眾人

人皆我師

人外有人天外有天
凡事盡心盡力問心無愧
上天是公平的
再得意再失意

再有權勢再有財富

都只一生

慶幸的是認識這麼多

不計較利害關係

一起濟弱扶傾的知心好友

人生拐點

每個人都是乘願降世

遇到事與願違

會心神不寧

若在這節骨眼上做了意外的抉擇背離此生使命

產生拐點誤入歧途

走入失控的人生

阿隆遇到許多貴人助緣

惠及全家人

自己有能力也當很多人的貴人

開啟光明的前程

這也是我樂於分享所見所聞所悟給面臨人生拐點

讓有緣人都圓滿完成此生大願

大家以為大願就是

賺大錢做大老闆當大官

這不是你的終極目標
而是你要去幫助成全他人
那些可有可無的
只是你的工具之一

微笑，展現自信人生

　　我父親在台南護校當老師四十年。他退休前拿過台灣省第一屆的師鐸獎。當時候戰地金門、馬祖、還有澎湖，都會把一些女學生送到護校施予一些訓練，再送回戰地服務。有些就直接到榮總、到其他的醫院服務。他們年紀小小就離鄉背井，住學校宿舍剛開始晚上都在哭，我父親母親覺得應該給這些小孩子一些照顧和鼓勵。學校的伙食她們吃了晚上還會餓，正好我在發育期，我媽媽就煮點心，他們就跑到我家裡一起吃，那時候學生不多。

　　我母親曾在日本大阪美容專科學校念了兩年書，拿了日本的證照回來，我們沒有營業，母親就教她們美姿美儀和美容、如何化淡妝……還告訴她們一定要微笑，妳微笑才能夠展現出妳的自信，人有自信，面對任何的問題，都會從容不迫，而不會顯現有所畏懼。

　　很快的這些人進入了職場、在醫院裡面，表現得很好，不多久陸陸續續當了護理長。我父親過世的時候，她們來送別，我很感動，讓我覺得當一個老師這麼值得，因為有辦法

讓很多有上進心的年輕人，找到他的人生，找到他的幸福。

真誠，是幸福的密碼

　　我今年七十歲了，思索從小到大所摸索的，這一生有哪個成功因素是很重要的？想來想去，就是「真誠」。真誠是每一個人主動打開心扉就出現的人性光輝，是你自己本來就有的特質，都不需要外求的。

　　我們就像生化機器人，出生的時候很多很多的開關都被封住，有人說是喝了孟婆湯把你以前的能力全部都封住，來到這一世要好好的學習，靠你的努力，一個開關、一個開關地打開。今天的演講希望各位聽了以後，可能那些開關就開了，讓你擁有幸福的人生、讓你遇到幸福的人生伴侶。所以這是我一生的體悟，「真誠是幸福的密碼」，它會帶動你各種優點、感動你周遭的人，多數人忽略了這個很簡單卻很關鍵的幸福密碼。

　　常看到有人寫：「認真的女人最美麗」，事實上，認真的任何人都是最美好的，你能夠真誠的待人接物、為人處事，自然做事情就不會馬馬虎虎、虎頭蛇尾。

　　我母親告訴那些晚上睡覺還會哭的這些小女生，將來你們會嫁到很幸福的老公，你們憑藉著的是什麼？不是你們的身家財產、薪資收入，而是你能不能用真誠來待人，然後能夠召來你幸福真誠的夥伴。我母親義務的幫家父教導台南護

校的女學生，讓同學們畢業後在各大醫院很有自信的、很親
切的服務病患，自己家庭也幸福美滿。

變臉

好多人每天好奇會見到阿隆另一個面貌
到底哪一個才是阿隆
真正的阿隆只是一個淘氣傻勁十足的 5 歲小孩
有點笨拙
記得小三導師要我們畫畫
交出成品導師笑著叫阿隆到講台問
你畫什麼動物
我說長頸鹿
你看你參考的跟你畫的是同一隻嗎
我很篤定的說是
老師說人家是一年級
你是三年級
你的長頸鹿為何沒色塊
全身都是黃色
我很佩服同學們樣樣都比我強
我也不自卑照常跟大家開心嬉鬧
我很認真對待所感興趣的人事物
因為真誠所以各方面表現都不俗

腦震盪活過來後

老天爺覺得阿隆太好過了

初中暑假一次嚴重的腦震盪在台南醫院救了三天

發現原本超強記憶力被沒收了

書背不起來公式記不得

只好設法自救

書的內容故事化

考試當然就慘不忍睹

數理公式都從頭推演才得到

考試花在導出公式時間太多

成大工科系老師很開明

OPEN BOOK 的考試救我命

CLOSE BO0k 的考試

我就用三角形、四方形、圓圈等圖示代表各種公式

表示我會解題

分數給多少不為難教授

進入職場所有的試煉都是OPEN BOOK

自己要會去找資源去請教人

每個人面對自己的弱點都可想出超越的方法

不氣餒不放棄

成功途徑不只一個

你必能走出自己的康莊大道

大家本質都善良

初二導師一開學就佈陣
並公開宣佈將四位留級同學安排在我前後左右
說要阿隆感化他們四位
他們都發育很好不喜歡讀書被稱太保都引以為榮
後來跟阿隆快樂相處打成一片
他們都很守秩序還會幫阿隆這風紀股長管頑皮的同學
他們都有過不錯的事業
大家本質都是善良的
還沒機會顯現的日後就可看到
我們要誠意相待
對大家只有佩服

同而化之

有人問阿隆
如何讓這麼多仙角齊聚一堂相安同歡
從小我都欽佩大家好有才華
每個人都教我他們會而我不會的
大家都是善意
相處久了
發現阿隆好逗陣

大家自然收起稜角

一團和氣

時間可證明一切還原真相

我不是聖人

我是鈍人擇善固執

希望人人比我好

謝謝大家不嫌棄

" 演講摘錄 "

　　主持人學務長林麗娟教授希望我能告訴各位如何培養實力，成為有實力者不爭而總其成，各位有成就是必然的，請珍惜成長過程遇到的人、事、物，這些緣份會在適當的時候成全你。現在就告訴各位。

自我改造

　　請你每天早上對著鏡子看一看，喜不喜歡鏡子裡的這個人？你若不喜歡，請問你怎麼能夠奢望別人喜歡你？我把口罩拿開，我的臉充滿了善意與微笑，你們對我印象應該不錯吧？因為我今天從臺北來之前，照鏡子時，我就想該如何調整呈現哪樣的面孔最適合和學弟妹見面。選定後，就像你們的手機相機一樣一拍成型，這就是我今天的形象。

名片是你天生的，是父母給你的，但是20、30歲以後的名片，卻是你自己在印，是你可以調整的。說實在，大家都一樣，沒有明顯的美醜之別。分別只在你展現出來是否有誠意？你若有誠意，整張臉的線條會讓人家感覺很和善，這很重要，這攸關你將來能不能結交到好的人生伴侶或朋友，還有你的老闆、上司喜不喜歡你，願不願意提拔你？在在都是重要的。因為這可以操之在己，無須奢求他人，只看你是否願意去實踐。

接下來請你找你的死黨，就是那些肯給你忠告，而你不會生氣；相信他是為你好，不會佔你便宜或不會刻意批評你的朋友。千萬不要找那個不相干的。找死黨來做什麼呢？找個三五位喝個下午茶，請他們告訴你，有什麼是你不知道，但是他們一定有感覺的缺點。可能一般人講缺點時，你會受不了，但是，當你的好朋友講你的時候，你會虛心地接受，我真的是那樣子嗎？哦！原來我都不會面帶微笑啊！我記下來改進。你洋洋灑灑列了十幾個，那就是你這一年的功課。

我們有缺點。不要急著明天就全部改過來，你給自己一年的時間，讓自己有充裕的時間慢慢調整，然後再問死黨們，我有什麼優點？請你告訴我，我想我把它做得更好，他們也會沒有保留的跟各位講。你知道如何去改善你的缺點，即使沒辦法改善的話，至少可以去隱藏，不要曝露出來；盡量去發揮優點，如此一來，是不是你的名片就變成很討喜，渾身上下展現的都是優點。在你人生的每個階段，就會無往不利。

人際互動的樂趣1

1975年5月全國大專運動會開賽前一週

百米金牌的許力克找不到人陪跑測訓練成果

阿隆只練標槍三十公尺衝刺

許壽亭老師要我陪跑

許力克安慰我說

阿隆你前面三十公尺盡力衝就好

麻煩你了

鳴槍後我邊跑覺得奇怪許力克怎麼沒跑

我衝線到終點

許力克才跟在後面到

他們問我有偷跑嗎

我說沒有

只好重來

結果又是我先到

我只報名標槍

沒報名短跑

在空軍官校我拿了標槍金牌

跟許力克博士成為好朋友

工科64級同學溫鴻基說阿隆聲音不錯竟私自幫我報名成大獨
唱比賽

有被出賣的感覺

結果輸了2個女生
得到第三名
工科65級黃英俊博士是氣墊鞋發明人
把第一名余燕芳給娶走
一輩子最得意阿隆是他老婆手下敗將
我們都成了好朋友

會出現在眼前的都是有緣人

人際互動的樂趣2

懂得欣賞每個人可愛可敬的人格特質
待人誠懇不佔人便宜
人前人後言行一致
和你互動過的人
將樂於接納你當朋友

別把同學當競爭對手
這些同學將來都有可能是事業的合作夥伴

阿隆是行動派的
天馬行空想到的有機會就去實現
大家從冷眼旁觀到一起共襄盛舉

大家變成和睦相處快樂助人
活得心安理得樂趣無窮

綜合能力

　　剛剛學務長跟我說，學生們有個特色，得失心好像蠻重的。確實是啊！總是希望將來人生每個步驟，都能夠在自己的掌握當中，這是無可厚非，可是我覺得沒有必要，只要把一些基本功練好就不需要擔心。

　　我不會半導體的設計，就沒辦法進入半導體公司嗎？自有專家去做那些事情，很多不是專家的，難道就沒辦法活嗎？大家都知道，台積電是張忠謀先生一手創辦的；半導體第二大廠聯電，現在的董事長我雖然不曉得他的名字，但是我知道他是淡江會計系畢業的，他所統御的那些碩博士人才都很專業。他能去布局，做那些IC的設計嗎？不會啊，但是他以他的會計專業可以統領這麼多的專業人才，規劃出最有績效的公司營運。所以我們無論是哪一個科系，在學校培養的是你的綜合能力，當你面對問題時，你使出洪荒之力，除了自己本有的專業，還有你在大學裡面所練就的——例如，參加社團，知道怎麼服務、領導人家、怎麼被領導；參加校隊，除了鍛練體能，也訓練出自己的鬥志。

期許與祝福

張文溫董事長，陳志忠老師伉儷，各位HBL最佳球員，各位
贊助愛心志工們
我以運動選手過來人與大家分享我的體驗

一般人以為運動選手都是頭腦簡單四肢發達
正好相反
能夠精準控制身體各部位筋骨肌肉高效率運作產生最有利的
反應
需要極棒的頭腦去進行不斷的演算操控全身機能表現
每個人一天都是 24 小時
時間分配隨人而異
運動選手相對用在訓練、比賽較多
課業難免兼顧不及
但你們還是要專心上課
搞懂每本教科書在教導什麼
這些都是以後你不當選手後謀生的常識
你的體力、耐力、抗壓性是在職場的法寶
主管很容易發現你的優點很快被拔擢
人生要選定一位效法的典範
你們很幸運 陳志忠老師自律甚嚴 職籃裕隆隊隊長
每天自己先跑完一趟山路
回來再率領隊友們一起又跑一次

他精湛的球技與光明磊落的運動員精神

讓他榮獲無數獎項多次當任國家代表隊隊長

你們好好向他學習有這位良師益非常重要

張文溫學長說他 10 多年前當高雄中學家長會長

志忠老師率泰山高中籃球隊到訪而認識

陳志忠老師說球隊尋求外界資源十分艱難

正當出現多位家境很辛苦的球員時

繁榮志工們的愛心瞬間解決了問題

讓球員無後顧之慮專心練球

志忠老師很感謝我們又有一批新的認養人

他這三年已得到幾個大企業的支援

希望我們志工將這寶貴的資源用在更需要的人身上

鍛練體魄

大學重視學子們的健康

鍛練身體以擁有強大的身心素質

從事勞心又勞力的職場奮鬥

頂尖的頭腦若體力不足

效能效果必定大打折扣

學習期間能撥出十分之一

參加體育運動方面的活動

一方面強化心肺功能

同時釋放壓力與代謝物
25歲到50歲
就靠你這四年鍛練的體魄
力撐25年而功成名就

阿隆6年前陪龍龍到北京清華博士班報到
看到校園到處都有大標語
「無體育不清華」
來自大江南北各省城鄉的狀元
很會讀書但很少運動
三不五時有學生承受不了壓力輕生
校方乃大力倡導體育
正好運動也是龍龍強項
參加校隊奪標
許多同學羨慕台灣來的健將
都找他教球技
以球會友連院長級國際知名學者都成了好友
現在他在吉利集團高強度的環境游刃有餘

釘鞋

大二時田徑隊送給每位選手不同的釘鞋
我是擲部標槍選手

釘鞋比他人多出 2 根釘子

在腳跟底很特殊

對於加速後需要極短距離 住以免越線

多了這兩根釘子就可放心衝刺

每天加強三十米的衝刺

把兩條腿的肌肉練得像兩根鐵柱非常結實

我剛穿著新釘鞋

學弟黃英俊很好奇借去穿

不小心後腳跟去踩到水泥地

兩根釘子都歪掉

我只好拔掉

黃英俊一直道歉

他對鞋子產生極大興趣

多年後他告訴我

要送我全家六人 NIKE 氣墊鞋

回報我當年損失了 2 根釘子

邀我們全家去他家住 2 夜

看到他擁有一個運動場 跑道完備 還有游泳池、廠房

他發明多項氣墊鞋專利 NIKE 公司付他幾億授權費

他也因氣墊鞋的研究論文獲得成大工程科學系的博士學位

更不簡單 68 歲還是全馬、鐵人三項的常勝軍

阿隆除了曾買數以百計的氣墊鞋送好友

也帶過幾部遊覽車到他公司參觀購買

一雙釘鞋成就風雲人物

想到 5 月 19 日從蘇校長手中接下環台聖火隊第一棒

火種今天下午就會在成功大學田徑場聖火台點燃發光發熱

展開有史以來停辦又復活的全大運

主辦單位成功大學力克疫情干擾讓2021年全大運圓滿成功

得與失

　　我跟學務長都曾經是很優秀的田徑選手。我是第七屆全國大專運動會標槍金牌。為什麼要講這個呢？其實標槍會得金牌，不只是實力呀！那還是運氣。因為每位標槍選手是非常容易產生運動傷害的，短短三十米助跑，助跑到最後一秒鐘都要在高速狀態下完成複雜動作。不只是手臂連背部、腳和腳底、全身算起來有十幾個很容易受傷的地方。我們受傷還要上場去比賽。試擲六次，如果受傷的話，即使有六次機會，也都沒辦法丟得很遠。

　　告訴大家一個心法，那次比賽，我知道我大概只有一次的機會，因為拋擲標槍完畢後，可能身體的舊傷，不曉得哪個地方會爆發。許壽亭教練是我當年的教練，他和學校特別準備了兩個美國進口的這個鋁質標槍，就是希望我能夠為學校奪一面金牌。當時我就在田徑場上靜坐，那些檢驗合格的標槍就插在那邊，我坐著冥想。用頭腦冥想來取代實際試擲，30公尺助跑、衝刺……所有的連續動作在腦筋裡面演練

了 100多次，這就好比我真的是拿著標槍在練習一樣。想得流暢、熟練後，再到助跑道上，延續腦海中的感覺，完成實地拋擲標槍的動作。

我就這樣想，輪到我的時候，因為標槍選手各大專院校加起來是七、八十位，跑完一輪要等很久，大概要等將近一個小時。我很安靜的坐在一旁，緊緊抓住那種感覺，輪到我的時候，我胸有成竹地跟許壽亭教練說：「金牌是我的。」我就那麼一次把標槍送到很遠的地方去。後面的各校選手想要超越我，卻超越不了；而我沒辦法再丟第二次標槍，因為真的受傷了。

各位運動員其實都是很聰明的，只是不見得把重點放在念書。不管是打棒球，還是跑步，在在都是頭腦的運作，頭腦如果有問題的話，沒辦法有那麼漂亮、協調性的動作出來。所以，我告訴大家不要太傻，千萬不要像鴕鳥一樣埋頭苦幹，你要動腦、多做沙盤推演，你的資金、資源有限，沒辦法讓你每一次是就虧一兩百萬，你要好好沙盤推演，只要想到最好的方式，就孤注一擲。雖然，我們不去強調要練出什麼技巧，但是，這個原則心法，你要想得出。實力要有，然後也要有運氣。

蛙的啟示

70年前的台南農校連同實習農場校地十分遼濶

當時教職員宿舍有兩大群落

來自大江南北的老師住在其中

老師很多成為成大的教授院長

阿隆就是和他們的子女一起長大

小時候喜歡探索整個校園

下雨後在芭蕉看到紅腳白肚綠蛙

還有一坨坨氣泡

溼地小水塘有

頭頂有亮光的小魚

頭大細尾巴的蝌蚪

有尾巴的四腿蛙

爬離水塘到處蹦跳的小青蛙

每次看到都是不同的外貌

後來才發現是同一種生物

阿隆隱約明白看人事物不能以為眼見為憑就是對

還需有耐心觀其全貌

我們喜歡吃的堅果

小時候都不知道它們長在樹上的果實樣子

敬愛的王學長蘇學長

台北市成大校友會創立籌備召集人王建煊學長
阿隆是總幹事
傑出校友好多
第二次年會我主持
邀請王學長演溝

時間到了他人還沒到
我再三請大家靜候
有幾位大砲型的學長在下面起哄
當部長要守時要以身作則
阿隆告訴學長們事出必有因
王學長的人品是大家所尊敬的請大家再等候
等王學長到上台
他向大家致歉
他自己開車來竟然找不到停車位
只好回去再搭計程車來
遲到了真抱歉
原來公私分明的他不用司機而自己開車
蘇法昭學姊早就在校友座席上微笑看到整個過程
這讓我警惕避免對人妄自下定論

感恩所有的批評指教

以我自己為例

當年大陸剛開放探親

受岳父岳母之託

從北京飛到福州探望岳母弟弟妹妹

他們把信和美金密封

我轉交且送一個美金大紅包當見面禮

離開福州前交給一封信

回到台北給岳父岳母

半年常被問我缺錢用就講一聲

態度很嚴厲又不明說原因

心理很不舒服很困惑

半年後岳母弟弟來信表示他少寫了 500 美元

天啊！原來他們懷疑我偷錢

真是奇恥大辱

平白半年被冤枉

我送的紅包都不只 500 美金

信中沒提倒出現這種烏龍事件

親戚都會如此

朋友也會發生

生氣嗎？

惟有問心無愧

光明磊落讓時間去還原真相

不在原地浪費心力

順逆皆成就

　　從小到大我們總是被教育什麼是「是」、什麼是「對」、「因為怎麼樣……所以怎麼樣……」的這種必然關係。但社會實質運作不是這樣的，它不是一直線的過來，它像下圍棋一樣，這邊落個子、那邊落個子、那邊落個子……

　　每個階段，你會遇到貴人。在以前，我總認為你會遇到貴人，你也會遇到仇人；可是現在我體會出來，那些都是你的貴人，都是在成全你的。一個東西它會推動，是有兩個力量在進行：一個是往前、一個是磨擦，要兩種力量都有它才有辦法往前，如果沒有摩擦力，你就一直在那邊打滾。所以幫助你的人，是讓你在往前，那是跟你有「善緣」；那些曾經讓你遭受到傷害，或者讓你很受挫的，這些我把它稱之為「逆緣」。不管「順」「逆」，都是你的好緣份，我們都要感謝，唯有它們，才會成就你們的今天。

　　如果你運作得好，那就是一個「好的」階段性的成果，這邊放著一個、那邊也放著一個……隨著時間推移，你會發現你這些各個階段的經歷，其實是在為某一個時刻，比較重要、比較重大的事情在做準備。

　　現在各位二十幾歲，等到三十歲的時候，你會發現到：你三十歲在做什麼樣的一個決定，原來你過去在學校……你

的第一份工作……你累積的這些……你認識的人……還有這些你所受的一個訓練……就是在成就讓你有機會來完成眼前的這件事情。而這個事情也許是你在四十歲、五十歲的時候，也就是你要做那件大事的時候，所必備的一些能力。那些能力包括你所認識的人，還有你的一些體悟。

我們對每一個人，都要善加對待，也許他曾經給你很大的傷害，也許讓你受到很多的苦，但是最後我們要感謝，因為他那樣子讓我們成長、讓我們擁有跟其他人不同的歷練，我們要心懷感恩。珍惜你所遇到不同的人或者事，這些我們懷抱著感恩的心，我們懷著祝福的心，千萬不要去怪別人，不要去批評別人。這是很簡單的一個心法。

海納百川而成其深

我現在的公益事業志工夥伴有好多是教友，問我是什麼信仰？是基督教？是真耶穌教會啊？還是靈糧堂還是什麼？我都會說我是你們的好朋友。我知道你們所信仰都是真的，你就按照自己所相信的信仰。到底有什麼樣的痛苦，要申冤時，人都不可靠，信仰的上帝會傾聽你的訴求，你在訴說、告解、禱告時，其實是你跟自己在溝通，就是在獎勵及鼓勵自己。我們不要傻傻的把這個世界對切兩半，你只有一半，另外一半你完全放棄掉，這樣是最傻的。

我的業師李後藤董事長跟我問，你看到的難道就是黑白

兩個顏色的世界嗎？其實不是，應該是介於這黑白之間的灰色地帶比較多，做人應該要有包容心，欣賞每人的優點。每個人也有他的個性使然，若他的個性讓你沒辦法認同時，要抱著不批判、純欣賞的態度。當我們志工大家一起開開心心做事時，不要吵架，只有那些新志工剛進來時，不明就裡，一定要反萊豬啊！支持萊豬一定要什麼什麼的……，其他人就會幫我跟他們調教，你有自己的信仰和政治立場沒有關係，但是不要去影響別人，尊重大家。這樣的話，大家都和睦相處，以後，若你需要人家幫忙時，是一大票人過來幫忙，而不是只有一少部分的人。千萬不要把自己做小了，看別人在做，都覺得很簡單，要批評起來實在太容易，當家很難為啊！今天不管是誰來當家執政，我們相信他們也都在為大家貢獻心力，只是各位以後若有機會成為一方的領導者，若能夠做到無私無我，大家都知道該怎麼做；但是，如果是為自己做打算、有私心時，你就會拐彎抹角的避開，因為你不想讓人家知道你的企圖心是自私的。唯有無私無我、大公無私，你才有辦法有效做你該做的事。

人生在世，你盡你所能，就會完成這一生該完成的使命。這在道家講叫做「無為」，「無為」並不是什麼都不做，而是順著你的本命努力、踏實的日積月累，不刻意投機取巧、揠苗助長、不做多餘的算計。

這個世界不是只有黑白兩色

1977年~1980年
復盛公司李後藤董事長提點阿隆
你是黑白善惡分明的漢子
可是這個世界不是只有這兩種顏色
也不是非善即惡
每個人多少沾染各種顏色
言行舉止好壞善惡參半
任何人都可往來
你的格局才會大

40多年來我證實李董事長是對的
我們看到的街上的人
每個人都認真過他的生活
貢獻自己的努力養家活口
值得我們敬佩禮待
把每個當好朋友
少有人會故意霸凌我們
和氣生財
四海之內皆兄弟

有容乃大，廣結善緣

　　你們的人生才剛要開始，你可以去閱覽前輩們的生命故事與難忘的經歷，天無絕人之路，人生的精采在於飽嚐生老病死、悲歡離合、喜怒哀樂，希望讓你的人生有所啟迪，有了心理準備，就能勇往直前。

　　人常常有明知故犯的盲點，明明知道不應該做的，就是會去做；做了以後很痛苦，再來怨天尤人，我不希望各位這樣，如果能在大學時期將你的習慣培養好，對你未來是很有幫助的。我在每一個學校也都提醒大家，不是把你們當小學生喔，我有4個小孩，從小就是那樣教育他們。他們現在也都長大了。老大現在是中醫博士，在杭州執業；老二在台大城鄉研究所畢業後服務公家機關，單位要拔擢她當科長，她還是以家庭為重；老三是台大大氣科學和美國紐約大學的氣候變遷雙博士，她選擇先結婚，把博士學業延後，我都祝福他們；我的兒子，他現在是北京清華大學研究所機器人專業博士，應該今年就會被延聘到大陸最大的電動汽車公司，教導他們AI高級演算，教導工程師車子如何避震、避撞的演算法，兩年之後，再回北京清華大學教書。

　　我讓4個孩子提前知道，他們未來人生會面臨什麼樣的挑戰？碰到哪些困難時不必擔心，因為所有的困難都是一種假象，未來你碰到的問題是什麼，我沒辦法明確的告訴你，但是就算你不去碰觸這些問題，時間一過，那也是小事一椿，因為有更大的問題會產生，你要去經歷那些困難，所

以，當下覺得那時的困境，好像天塌下一般，其實沒那麼嚴重，對自己要有信心。

尤其，你們未來有人可能是很好的總統、行政院長人選，我們繁榮志工裡面就有前行政院長。現在的我認為人有前世今生，也許一些人前世都曾當過皇帝、宰相、出將入相或是大員外，這一生換成不同的面貌和角色，大家相聚自是有緣。所以你們在學校就要善待你所見到的任何人，因為這些人可能將來會是你的貴人，若你沒有善待的話，你以為這是小事一樁沒什麼；當你不知不覺得罪人，說不定10年後，他變成你生意上的重要客戶，或者變成你的主管，就看那些人是否有度量？倘若沒有，你就會不知不覺為自己樹立敵人。

所以，善待每一個人，對每一個都好，對你自己更好。那怎麼去善待呢？我告訴大家，有很多方法都很簡單。你看看在大街小巷快遞摩托車這樣跑來跑去，也許讓你感覺很煩躁，但你要為他們多想，覺得他們多跑一趟，就多一份收入；也許他們有他們不得已的苦衷。我們多幫對方設想，希望他們不要發生意外，這樣慢慢會有影響，讓你的口氣會比較好、比較和緩，不會那麼的黑白分明，也不會有一些苛刻的言語出口。

友善念波，志同道合

　　各位同學們走出校門，有時會看到好多人騎著摩托車橫衝直撞。或許你會有這樣心情：「奇怪！沒事騎那麼快做什麼？又不守交通規則。」從今天起，你練習看看，當你看到這樣的現象時，你祝福他們行車平安。他騎那麼快或許是要趕著去工作、或許有他的理由，除了很少數，他絕對不是騎車在那邊蛇行、好玩的，一定有他的目的。只是他的做法，讓我們很擔心會造成一些不幸的事情。你就祝福，你發出祝福了以後，你的情緒就不會受到他的影響，你祝福他所發出的訊息，會回饋到你自己的身上。

　　這個概念就很像現在的自駕車，各位在電視以及很多的圖誌、影片都可以看到，應該比較好理解：就是車子在街道跑的時候，每台車子都會發出一圈圈的電波，以偵測路上有什麼樣的障礙要迴避、或該怎樣反應；我們人，像更高級的車輛，你坐在這個地方，雖然沒有在移動，但是你的引擎早就發動了，沒有聲音，因為你是活著的，你也一直在發出訊息。這個訊息發到我這個地方，我現在講這些，不是預先安排好的，我是感受到有些人提出來想要知道些什麼？所以我在講主題的時候，很自然而然的，試著就你剛剛提出來的問題，讓你能夠獲得一些指引，我不敢說能夠幫助你解決所有的事情，但是給你一個啟發。你常祝福別人，回過頭來的回報也都是祝福。

就像現在，我們好像瀕臨戰爭邊緣。戰鬥機上都裝設有反輻射飛彈，這些專門在做什麼？因為地面的部隊，不管是對方的，或者是我們的，都設有雷達。這些雷達是偵測在空域中，誰對我們有利、誰對我們不利……進行這樣訊息情報的收集。一開戰，這些地面雷達都是第一要去摧毀的目標。所以你這個雷達站所發出來的波，反輻射飛彈會偵測得出來，那個具有意義的，它就會過來；如果你發射出去的，是這種善類的，回來的也都是這種很友善的，都是善緣；如果你是很不滿的、是很仇視的，你發出去以後，回來的絕非善類。這種原理如果能夠明白的話，你就省掉很多麻煩，不要沒事就為自己製造敵人，你很有誠意的祝福，任何人你都把他當作好人，日子久了以後，他們也都把你當作同類。我們不是要利用別人，我們只是希望志同道合的人能夠越來越多；讓大家共同為這個社會打造一個更安和樂利的環境。你能不能做得到？絕對可以！

借鑑古今，見賢思齊

人生過得很快，我曾經在大陸待過一陣子，朋友們晚上都去交際應酬，我就待在房間裡面看書，去買了《中國歷代宰相傳記》上中下三大冊每本都很厚。中國歷代以來有1000多位宰相，書上把每一個宰相事蹟生平都寫的很仔細，那三本書是簡體字，我花了一年的時間看完。我強迫我自己每一

天、每個晚上要看三個宰相的傳記，發現做宰相還真不簡單，歷代聰明的那麼多，政敵勾心鬥角，皇帝賢劣有別，天威又不可測，能全身而退善終者太少了！宰相都這樣了，更何況其它人，所以像王陽明、蘇東坡把他們的顛沛流離的人生體悟，透過文章傳揚給後世，這些都是很好的榜樣。

因此，我鼓勵各位要多閱讀，學校教給我們的，是幫我們熟悉現代生活所必須要有的知識。但是人生哲學，可以借鑑古今中外的聖賢豪傑身上學習，就像剪基因一樣，一段一段地剪出來，就變成你這一生可仿效的楷模。無論是科學家、音樂家、政治家、宗教家，他們沒有一個人生順遂，每一個人都會碰到他要接受的考驗，看看人家碰到難關如何去克服，多看多學；當你碰到同樣的困境時，你將會有所參考。所以，這個楷模是自己可以去找尋，而且不只是只找一個。

進德修業的楷模──夏漢民老師的知行合一

我在學校念書時，有一位很尊敬的師長，他是我大學時代的系主任夏漢民老師。

夏老師是父親早逝的孤兒，家境貧窮，有段時間因母親無力照顧，曾在孤兒院住了幾年。他從大陸跟著母親來台灣，母親在學校校長家幫傭。從小刻苦耐勞，完全沒有人事背景。高工後念海軍官校，同事在船上在談報考研究所，觸

發他報考成大研究所的動機。他擇善堅持，目標訂下去就認真準備。考試時他發現那些鼓勵他來考的同事都沒有來考，他卻考上了。成大的機械研究所當助教時，其他助教說我們申請學校到美國去念書吧！鼓勵他的人居然沒有出國，他傻傻一個人，就跑到美國去念書了。

　　夏老師跟我說：「興隆，我這一生走來發現人生要知行合一。我跟大家一樣知道，知道是必要的，我採取行動，他們沒有採取行動，造成以後每一個人生階段的不同，踏踏實實地的精神，人生在世，每個人能力都差不多，就在你做事的心態及方法有沒有用對。」

　　他後來在教育界歷練。他跟我說：「興隆，我在做高雄工專校長的時候，陳履安做台灣技術學院的校長；後來陳履安先生做技職司司長，當他要去國科會當主委的時候，我就去做技職司司長。」他說：「每一個位階，你待的時間都有一定，不管是三年或者四年，你能夠很盡心盡力、很守本分的把這些做好，這是國家在栽培你，一步一步給你有實力能夠去治理更多的事。」後來他也做到國科會主委。

　　這一路上他就是實踐明朝理學家王陽明先生的即知即行、格物致知，就是把惡除掉，然後去實踐好的，就是為善。致良知就是按照你的良心、你的本性，將所知道的道理付諸行動，沒有行動力的話，空有理論或是知道很多的事情統統都沒用，這就是夏漢民老師教我的：「興隆，你要知道我傳授這心法給你，我是很會做事情的人，很會做事情的人，是你的行動力，要超過你的執行力。」

敬愛的夏老師安息天家了

夏漢民老師的一生是有志之士可以觀摩學習的榜樣
人世間的各種際遇他面對他的抉擇他的擇善堅持

夏老師是興隆的系主任
也是結婚時的證婚人
他在不同的公職上都有任務交代興隆去協助
他發現我從不請他幫忙
他辭官時
興隆邀了兩百家電腦同業
在台北市電腦公會辦了一場盛大的歡送會感念他一生為國為
科技界的犧牲奉獻
並依夏老師志向創辦 NII 產業協進會並任董事兼執行長
夏老師曾對我感嘆
他那麼會做事的人
不能多為國家奉獻實在可惜

夏漢民老師的生平簡歷有許多龍龍可參考之處
人生有些操之在我有些在他人
常常得失互見
助力與阻力但看個人如何化解或駕御
帆船逆風也能前進
左偏右移之字推進
很真實的範例

《像根出於乾地》夏漢民回憶錄
一位出身貧困的苦兒一生自立自強開創宏偉的人生
影響千千萬萬周遭的人
這本回憶錄值得有志之士或後生晚輩見賢思齊造福人間

我佩服的葉國筌

在政大企家班我去找精技電腦董事長葉國筌
表示我要推薦他上企家班
果然他被錄取且榮任企家班 12 屆班長
他把全班同學凝聚成很團結
和我這一班比毫不遜色
軟協理事長余宏揚請我推薦被錄取為第 13 屆班長
我們的特質接近都是喜歡為大家服務的人
人緣特別好
國筌向阿隆表示他也是運動選手
拿過國軍運動會萬米冠軍
我好奇各軍種特戰部隊怎會輸給你呢？

他說領先群都是他們的精英
誰都輸不起
結果在最後百米居然打成一團
讓認真跑的他從第六名跑成最先抵達終點的勝利者

他從此奉行無論多困難多沒希望他都不輕言退縮放棄
把事業經營到上市

鋸梯

剛到台北上班
在書店買到一本暢銷書
美國作者以過來人寫出
他如何脫穎而出成為名利雙收的企業顧問
起先很佩服他奮鬥不懈的精神
但困惑他用的手段不厚道
其中鼓勵他的讀者不只努力爬梯邁向更高境界
更要留意砍他人的梯子
破壞競爭者的進展
50多年來看過光明磊落的成功者
也領教一些鋸人梯而名利雙收的人
事無對錯心安理得
記得關懷水深火熱的辛苦人家
世間無一物從己而出
能享受這一切
見賢思齊
心懷感恩

風起雲湧年代

大家在那時期陸續創業前途不明成敗不知

都希望有可觀摩的先行者分享創業心得

台北市電腦公會在新落成的永豐餘重慶路總部

邀請阿隆和聯電宣明智各講一個小時的創業秘辛

吸引滿堂的同業

內容都扣人心弦

同時期大家都在接待國外廠商

不得不要學會打球

18 洞不容易打好

有次昆盈陳松永董事長說球具是前天秘書才幫他買的

他不會打

阿隆見義勇為說當他免費教練

林口第一球場球道草地被松永兄挖出整路坑洞

大家幫忙填土

阿隆不厭其煩教他正確的揮桿要領

同時模仿他錯誤的動作糾正

他悟性很強

每一洞都進步

奇怪的是後九洞

他打得很好

我卻一路挖地球

最後才恍然大悟

他學到我的正確姿勢
我卻不知不覺把他的缺點都攬成自己的

多教正面教材
少提負面的
耳濡目染潛移默化影響深遠

盡心盡力而已

常有人問阿隆
你家世很好
不然怎麼認識那麼多達官顯貴
承接好大的業務
能不能介紹一些貴人分一些給我

阿隆是農家子弟
父親是老師
沒顯赫的家世
從來不會去爭取名利
事情是會主動找人的
師長交代的大小任務
阿隆都快樂認真去完成
師長陸續高昇

總想起有位辦事牢靠的學生

經常會找阿隆幫忙

有解決問題的

有協調產官學研的

日積月累交涉談判的對象很多位

他們知道阿隆不佔人便宜的人品值得信賴

以後有機會都會優先找阿隆合作

雖無很優渥的利潤

但都得之問心無愧

人脈自然形成

劉院長當龍龍企業博士後指導教授

他也是ACM大陸主席

阿隆告訴龍龍

人生總會遇到貴人

劉院長為你介紹的每個人

都有很廣的人脈

將來就會經常見到他們人脈中的成員

與人交往待之以誠

平常心交流

遇困難自己鍛練自己去克服

不輕易求助於人

他們才會視你為值得交往的人
不論誰來找你
你能力所及幫忙可以
自己都幫不上忙
不要輕易去動這些人脈
若輕率求人人脈就斷掉
求你的人只覺得沒什麼難的不會珍惜你失去的

天知地知你知我知

阿隆有同學當經濟部長
一起打球時
他說跟你打最快樂
你無所求
你也不會批評人
我在嘉義那個球場餐廳
午間新聞播出訪問我報導
坐在我前面有位企業家竟然批評起我
被人提醒回頭看到我
趕緊改口我說的是其他人

龍龍聽我這麼一講
問有什麼啟示

阿隆告訴龍龍

人都有優點值得尊敬

不要去批評人

這些話很快就會被人傳到當事人那裡

別以為只有天知地知你知我知

很多人都會知

得罪人自己卻不知

前途堪慮

職場心法

　　當還是新進人員時，大概什麼都不懂，主管會派人來教你。你用一個和顏悅色，很好的一個名片出現在新的主管或者帶你的人面前，你用真誠之心、很誠懇的態度，他教你什麼、告訴你什麼的時候，都說：「謝謝、謝謝」，當有些事情做得不夠好，你心慌，他指責你的時候，你要想：他是為你好，他不是在羞辱你，你懷抱著感恩：「謝謝、謝謝」心懷感謝，心存感恩；當他一樣在指責別人、要求別人的時候，這些人反應的臉色很難看，跟你表現出來的是謝謝、很真誠的態度，他對你的印象就會非常地好、傾囊相授，甚至有計劃性一年、兩年、三年的栽培你。這樣的主管，他一定有升遷的機會，他晉升時，總是希望他的工作是一個有能力、能夠信得過的人來接棒，那就是——你。如何在職場，

通過前面的篩選？請記住這樣的一個心法。

等你開始當主管，你又變成夾心餅乾了。你的上層要求什麼時間就要完成什麼事情，有的時候很緊急、有些甚至不太合理，當有疑問，你問他有沒有辦法再增加資源，卻得知一定要那樣執行的時候，你回過頭來，不要學有些人，怕得罪下面的人，就跟他們講：「這都是上面的意思，非常沒有道理……」你那樣說的話，遲早有人會把話傳到你的頂頭上司去，他對你的印象分數就會一直減分。你應該跟大家忠實的轉述：「公司需要我們這麼拚，請大家努力。我來帶頭做，我最後一個下班，我們把事情做好。」你用這樣激勵大家去做，做好了以後，你又沒有幫上司添麻煩，久而久之，那個上司一定會高昇，你也會跟著上去。

有好多人在問我：「王董事長，現在所有好的位置，都被我們學長霸佔了，我們畢業以後該怎麼辦？」我就告訴他們：「工作領域很多，你要成為一個張忠謀，全台灣大概就只有一個，你為什麼要去跟他拚？你可以把這個社會畫成10×10的百格圖，這100格裡面，你看哪一格是你最感興趣的，你就挑那格蹲在那裡，把那一格專業的東西，利用你的課餘時間，好好的去學、好的去唸。一年後、兩年後、五年後……你就會變成這「1/100格的佼佼者」，好多人不懂這個道理。這邊做一做，不行、工作環境差，好，跳到另外一格，跳來跳去，他永遠沒辦法累積該有的支持和專業。

和顏悅色

人多的地方就有是非就有恩怨
浪費精神時間在應付這種無生產力無助益的衝突太不值得
我們與人共事
討論商議過程務必和顏悅色
對事而不對人
人做事都有見仁見智時候
有人疾言厲色
甚至傷及對方人格、自尊
結了深怨而不知
怨深何時被報復都難料
樹敵一多
就疲於奔命一事無成
甚至怎麼死的都不明白

忘年之交

小鳳有位女病患和先生都是浙江大學教授
她稱呼她是錢奶奶
小鳳寫過十多本書
錢奶奶喜歡和小鳳交流各方面的體悟
這次是很好的分享

爸爸：

我前幾天和錢奶奶吃飯，她和我說一個道理，我覺得非常好！就是，她說我會在很多場合受到別人尊敬，尤其是工作場所，但是工作場所難免有是非，我應該遠離這些是非，不要和任何人議論他人，別人在議論的時候也不要摻合進去，否則別人對你專業的尊重會大大降低。

這個很有道理哦，我在很多地方都是這樣的，別人談是非不會談到我這裡，我和大家都和和氣氣的，所有是非和我不著邊，這也是明哲保身的道理。

聚散乃自然之事

互相祝福不怨懟

以後還是有相遇機會
朋友交往
職場換工作
新人面試多會問上次工作有何感想
回答只有忿恨不平數落老同事老長官的不是
我絕不會錄用
回答充滿感恩向老長官老同事的栽培充滿謝意的
我會找時間打電話告訴他的老闆怎麼沒留住好人才
有些人真是優秀的專業人才

阿隆甚至推薦給有更大發展空間的好友公司

多人都成了上市公司負責人

別看企業間互相競爭

員工不知彼此老闆經常打球

私交很好

會推薦將才到適才適所的企業

優秀的人才絕對能出人頭地

有問題的員工其他公司多少會通風報信互相提防誤用

牛角竹筍

5年前載龍龍到角板山

途經三峽盛產綠竹筍的山區

碩大的筍挖下山在路邊山泉清洗泥土裝竹簍

龍龍問要怎麼挑筍

阿隆老家有許多竹林

對竹筍、筍筒都基本概念

告訴龍龍筍因竹子的品種而各有其外形、顏色

綠竹筍最好吃的是像牛角形狀的鮮美味甜又脆

外形直的就稍為遜色味道微苦

龍龍說前面有個農婦在賣竹筍

我們買一些回家

農婦盡挑直的給我們

說這種比較好吃

龍龍看我付錢

上車問牛角的她都不拿

都給我們直的

阿隆機會教育告訴龍龍

你明察秋毫但可大智若愚

沒吃太大的虧就不必去揭穿

大家都挑牛角

直的剩很多

就倒給我們

算幫這位太太消化滯銷品

人生與人為善皆大歡喜

小工

今早腰痠背痛

昨天冷氣行老闆親自出馬

幫阿隆洗冷氣灌冷媒

他開了工作車停門口

說店裡的師傅們都出去忙

本來要2人一組

只好自己一人作業

於是阿隆自願當助手

從下午1點忙到4點半
老闆中途回去2次拿工具
我得站在太陽下20分鐘
告訴想停車的鄰居工作車需用這車位
清洗出來的污水濺得滿地
阿隆用十條新抹布吸乾殺菌洗淨
老闆感謝我說還好遇到好客人
請他喝舒跑還當助手
他說7500元
付他整數不用找
整夜用除溼功能
冷氣就夠涼快
中元節的小工累到差點爬不起來

圓圓搬家

龍龍把車庫清理很乾淨
圓圓把家裡物品打包很整理
陸續運來放車庫50多個大小箱子
阿隆交給她6個千元紅包
請她2/25一早就交給搬家組長
請他分給每人1千元當茶水費
帶頭大哥有受尊重

他的同事也會感受屋主的誠意
搬家就更圓滿順利

我說你們沒出生前
我率很多梯次出國考察
都是出發前先給旅行社導遊感謝小費
常有企業家提醒我要看整趟服務品質再決定給不給小費
我笑說你們有道理
我只是先展現我的誠意
相信他會禮尚往來
結果全團都得到頂級服務
導遊們跟我說
被信任的感覺真好
其他的給小費像給很大的恩惠
感受很無奈

兼差

許多年輕人正職收入之外
為增加收入會兼差
我們新辦公室鄰居有家新開的花店
阿隆請教老闆是找什麼人來做水電裝潢
請她推薦

她說這個統包的年輕人姓許很好收費公道

見到許先生

請他估價第一批水電照明油漆工程

他報價26000元

他和同伴只能下班時間施工

是個人不是公司無法開發票

阿隆給他現金3萬元

這是我個人的錢不用發票報帳

因為一定有沒估價到的事情

我不忍心讓他吃虧

他很感動

油漆施工本有三道工程

主動多漆一道

還很細心買了新型逃生指示標燈

我看他門牙掉了一根

打算完成施工

我送他一根門牙

想起自己剛結婚，為增加收入

養了50對胡錦生蛋、200對十姊妹孵蛋

然後繁殖的胡錦去賣鳥店，增加一些收入

小鳳在阿一肚子裡跟著母親早晚餵鳥飼料換水

星期天阿隆清鳥糞買一大麻袋進口帶殼小米，親手釘製檜木

鳥箱
兼差補貼家用

計程車

〜〜〜〜〜〜

回台南去台大醫院

都陪我去搭計程車

龍龍問老爸為何一上車就付錢

阿隆告訴他司機為我們服務

我們要感激他們

有的一輩子認真工作

好多頭都白了

預估跳錶金額再加100~200元

不要看服務好不好再決定

先付了說多了不用找錢

不夠了再加錢

司機都會很開心

好心情讓他今天和氣生財

今天早上他去接小鳳去做核酸檢測

現學現賣

回到台大幫我辦出院手續

說車上氣氛真好

學到了！

阿信

早上走過福興路短短 2 百米
沿途十多家餐飲店
幾乎每家店都有一位阿信

有一家三十多年來換了三個店老闆
毫不例外的都是阿信任勞任怨在吸油煙
身體日漸消瘦先生卻日見肥胖
曾有位阿信滿臉汗水
充滿期待
從來沒出國過
將來賺多一點錢再出去玩
可惜這位可敬的阿信鞠躬盡瘁積勞成疾沒實現她的心願
她對我說
王先生國外長得什麼樣子
以後我要去看看
這是 20 多年前的場景
台灣與日本有很多阿信
撐起社會各角落避風雨求安康
大家要感恩要疼惜

沈默

前天黃燦奇愛心司機

問我他多次遇到很不尊重他的乘客

有人竟對他說我付錢叫你送我的

你停下來等我到對街買個東西

我請他先付錢再下車

他很生氣罵他怕我跑掉

我吃了好幾次虧

乘客在等紅綠燈時就開門溜走

阿隆告訴他有無理挑釁的情況找上門來

背後通常跟著更凶險的事件待爆

我是你的話

我會保持沈默

等對方盛氣凌人之勢消退

千萬不要被激怒

導致最糟糕的局面發生

面對不講理的人

沈默以待

他連忙感謝我解了他心中的結

這些年來這些不愉快的遭遇

我很難過

難道我當計程車司機就要受人羞辱

要更謙虛

龍龍在台灣時
只要有好電影他都會約老爸去看
通常我倆都早早進場坐著等開映
有次電影開演
有人踢椅背
我們想大概有翹腳不小心踢的
後來竟然有人按我父子的頭
龍龍年輕氣盛要發飆
我拉著他的手站起來換到靠牆邊無人空位
我 185 公分他 192 公分
一站起來
坐著的好多人說他們好高
我告訴龍龍犯不著發怒
散場壓我們頭的人只到我們肩膀閃得遠遠的跑開了
如果是年輕時我會到場外興師問罪
人生閱歷多了
現在的心態是何必呢！

沒被打過的兒子

阿隆小時候太頑皮

父親嚴厲教訓

抽打兩腿皮綻肉開

多虧母親以身護子

阿隆被打完後說

我以後絕不打我兒子

阿隆說到做到

龍龍跟同學說沒被爸爸打過

同學不相信

他成長過程當然有自己的情緒

生氣時我會把他摟著

告訴他管好自己脾氣是人生一輩子的功課

我會讓他接觸各種事物

鼓勵他去做有興趣的

從不要求他考試成績

龍龍自動自發

過了快樂的童年少年青年

阿隆感恩父親的教訓

欣慰兒子的孝心

行穩致遠

龍龍你能對公司有具體貢獻不會是現在
公司正觀察你的言行
符合拔擢重點培養的
有個最基本的要件是沈穩
情緒波動大的不被考慮
你看老爸的好友們都是很穩重的這類型
抗壓性很高才能克服企業內憂外患的挑戰
行穩致遠
人是有情緒的
只要懂得分段釋放要領
就不會傷人害己
口出善語心不記仇
以禮先行待人真誠
表裡如一
大家都會成為好夥伴

非到最後關頭絕不輕言犧牲

人終須一死
天下只有成仁取義才配以死相許
其他狀況避免被激怒

也沒必要為人打抱不平

不論你是否代表正義

你不是執法人員就沒公權力

不強出頭

交有公權力的單位去執行公務

你千萬要忍辱負重

珍惜自己生命為眾人造福

預測能力

通過生活體驗與觀察

人對人事物的前景都有自己獨特的預測能力

單純就工作而言

即使運作很繁複

嚴謹縝密的推演

仍可精準預知其過程現象

數理運算能力越強越精準

如果加入人與環境的變數

就不是純粹的演算可預測

我告訴龍龍別輕易去預告他人將發生的境遇

偶爾準會引起不必要的誤解

不準也會引起不悅

只能默默觀察再修正自己的判斷

你好意建言同儕
不如不講
事情的演變不是數學邏輯運算可輕易預測

有神

我們家人都知道神靈世界
經由累世經歷
今世有緣成一家人
各有天命待完成
都不是輕而易舉的小事
艱辛的過程是必經的
當面臨一籌莫展的關卡
別失志
上天一定會引導你突破迷障
順境戒慎恐懼千萬別志得意滿大意失荊州
逆境切莫一意孤行
繞過思慮不周處
山窮水盡疑無路
柳暗花明又一村
克勤克儉不放棄初衷
必有神助

解憂小舖

阿隆66年來佇留水族世界

時間累積數萬小時

再大的挫折再嚴重的打擊

凝視水中活動寶石

進入禪定

忘憂解鬱重生

一個鐘頭後又是好漢阿隆

許多好友分享這麼簡易的紓壓秘訣都變樂觀和氣

帶你的兒孫去附近欣賞

尤其各縣市大型的魚中魚展售中心應有盡有

多美的七彩繽紛糖果魚

找個時間集合大家

養魚齡66年的阿隆

親自教如何借魚修心

魚痴

這 20 年才認識的朋友

不清楚阿隆過往

有人曾暢談他的養魚經

阿隆以好佩服的表情高興聽他說

有天他求證阿隆
他遇到阿隆的同學
他不相信這位老友的話
天下哪有這號人物
養過 200 尾紅龍 100 尾海象
養過兩大池塘 6000 尾大錦鯉
大學時自創興隆熱帶魚繁殖研究所
阿隆笑道是真的！
還買了 1 棟房子養 100 缸紅龍

不要自亂方寸

每位志工都有一些困擾
找阿隆聽意見
我非萬能
只因我無所求
樂於分享
各位自取所需
困擾的起源就是自己
不要怪他人
不佔人便宜
不輕視人
相信自己是有福氣的人

得失心釋懷
得之我幸失之我命
不爭不搶
禮讓的人最有福報

開卷有益

能量清理作者分享
有其新意

最好的學習是教會他人
能量分適合你或不適合你
能量流動來去停留
有共振感覺留久點
有沈重感覺放掉不存
作者嘗試以各種祝福語文
幫助人
阿隆這一生的體悟是
真誠祝福每個人在吃苦受難的磨練人生都能修成正果
睡覺觀照一遍曾遭遇煩惱的人
給予能量祝福早日離苦離難
原本就不是你的
曾經有過

不用或誤用而被流轉到他方
何必自生煩惱
調整心態
迎接新試煉
這才是順應天意

有志工問阿隆姻緣

男女之間關係說不清
絕不是王子與公主就此過著幸福一生
我只能說每人的命運不是完全操之在我
像大陸台灣美國都有人想幫小鳳龍龍作媒
小鳳堅持單身不近男色
龍龍對首富、官二代無意
月下老人已幫他安排
就等他事業穩定
我再請大家喝喜酒
情投意合很重要
生兒育女要有覺悟無怨無悔
妳從交往的朋友中可找出理想的對象
初期勤儉持家
奮鬥20年該有的就會有
以前我有過多位秘書都聽我的話而都擁有美滿的家

認真生活名利都是副產品

給新人育鐸喻雯的結婚祝福

土生金

墿坤土字邊乘龍快婿育鐸金字邊

真是人生巧合

有緣才成一家人

我是繁榮社會企業公司董事長王興隆

很高興在此獻上祝福

雷墿坤倪宜琳一家人都是繁榮的股東也是熱心志工

專為窮困族群濟弱扶傾行善

所以新娘雷喻雯是人間美麗天使

新郎林育鐸是從事業務開創人生美好的未來

我以過來人傳授成功幸福的要領

夫妻每天起床

照鏡子將自己的表情微調成和顏悅色

自己看了也喜歡的面容

家人相看外人見到都開心

微笑親切善待每天遇到的每一個人

祝福看到的行人、騎車開車的人平安健康

謝謝人們的幫忙與批評指教

感恩各種磨練考驗成全

夫妻不僅結合雙方原生家庭血緣
更要孕育優秀的新生代
我在此祝賀
家庭美滿事業成功
世世代代造福人間

心的運作

人心就是這麼神奇
你想要的
心就會呈現滿足你的感覺
進而讓你運作所有去實現

我們一生有許多不如意事
也有不少開心的事
隔天要出重大任務
前一天我就會去想在校棒球冠軍賽
站在投手丘每局三個打者三振兩個贏得全校冠軍
那種充滿自信的勝利感覺
帶到充滿挑戰的場合
總會點燃成功的火苗

有位志工事業有成

問我一個問題
我簡單回答

一樣的時間
浪費在讓自己不舒坦的情緒
不如多想曾經愉快的過往和大家分享交流！

這是問阿隆的內容：

　　學長好！不知道是不是疫情的關係，生活變得有點煩躁緊張，對任何事情提不起勁，有點灰心。

　　每次看到學長在群組裡面分享您的經歷與體悟，是什麼力量能讓你這麼發心？真的很慚愧。

都是角色扮演

人生的導師會在特定時空為我們上課
呵護你讚美你寵敬溺愛或
羞辱你欺騙你譭謗你傷害你
事過境遷平靜回想
他們都是角色扮演
我們自詡得意之處
就有人試煉我們火候如何
動心忍性虛懷若谷

感恩應你意念召喚而至的人生導師
讓我們深刻認知
人外有人
天外有天

都是阿隆的好友
也都捐一棟棟大樓給學校
在道場上課
有人竟然睡得大聲打鼾
被人拍醒
事後阿隆說
他就是道場好幾億的捐助者

志工活動
工作效率很高的人
會去督促動作慢的
資深志工會善意提醒
人各有所擅
來此做公益盡心盡力開心就好
你催的這位是上市公司老闆
那位是兩個博士學位的教授

三人行必有我師焉
事過境遷

大家受益良多
祝福大家雄才大略經世濟民

內心要全然信
必有明顯收穫
我們有個夢想
不信還是空夢一場
信才有成真可能

孺子可教也

人都有累世積下的習性
20歲以前聽不懂為何要改習氣
30歲就知道積習沒改會一再受同樣的挫折
40歲以後的人
阿隆不想自找麻煩
去告訴習性根生蒂固要如何改
我只勸他們保有赤子心行善
不讓習氣去傷及無辜

見賢思齊

我們生逢其時

阿隆的同學好友非富即貴

有見賢思齊而無嫉妒之心

只要有典範學習都能有成就

我喜歡分享給後起之秀

龍龍從小就受益

證實很有用

我們志工都比阿隆有成就

知道阿隆不是自我炫耀

而是隱含人生各階段的體悟

人生格局只以財富為目標太可惜

只以地位論成就

都是把自己看輕了

人能用自己的資源

去做有意義的奉獻最可貴

為眾人服務

為窮困受難的人濟弱扶傾

阿隆徵得成大工科64級同班同學胡大文同意

他擁有上百個世界專利

淵博的學識從大學就養成將心得整理成武功秘笈

秀一頁大家分享 各位也可分享給子孫見賢思齊
成功不靠運氣而靠條理分明井然有序嚴謹作為

他自述：

　　舊日手抄備忘冊，1977至今猶不捨，
　　共振電路中記要，太赫茲頻再用得，
　　超表材料誠奇特，發揮功能衷心樂，
　　過往栽植今收穫，因緣聚會果難測。

水到渠成，欲速不達

大家都希望有個成功的捷徑
成功是需要過程去經歷時間去醞釀
通常要克服一些阻撓一些挫折一些失敗
愈大的成就愈得經過大考驗
想跳過這歷練所得的成果是經不起將面對的嚴酷挫敗
成功之後你要做什麼
自己享受
親友分享
濟弱扶傾
第一種是普世價值觀
但只有物質享受精神匱乏失落
第二種心安理得知天命

第三種天人合一平安喜樂

有第三種為志向

就會感恩一切順逆皆是成全

有第二種為志向

恩怨分明分別對待

以第一種為志向

終生爭名逐利為外物所役

學習單

談判演講多本暢銷書作者希望能在他的新書引用2020年5月
20日阿隆的分享信

阿隆同意，我當時是這麼寫的

昨天瞻仰二舅遺容內心百感交集

舅舅林財源特別跟阿隆打招呼

人生榮華富貴都是過眼雲烟

活過了都成

人生到處知何似？應似飛鴻踏雪泥。泥上偶然留指爪，鴻飛
那復計東西。

屏東地檢署緩起訴犯者法治教育上課學習單（上午場）

管好自己不遷怒不二過

今天和大家分享八個真人真事
希望與諸君共勉
現在有幾個多選題請您作答

避凶：（　）不見獵心喜　　　（　）不被人激怒
　　　（　）不佔人便宜　　　（　）不羞辱他人
趨吉：（　）樂善好施　　　　（　）謙和有禮
　　　（　）真誠待人　　　　（　）感同身受
消災：（　）罵不還口　　　　（　）打不還手
　　　（　）前嫌盡棄　　　　（　）無報復心
解厄：（　）不酗酒不沾毒　　（　）不二過不自棄
　　　（　）近賢人遠損友　　（　）絕不明知故犯
幸福：（　）孝順父母　　　　（　）愛護家人
　　　（　）濟弱扶傾　　　　（　）勤儉持家

標準答案？

多人填了學習單問我成績多少？
我的標準答案
有填沒填選任何一項
都對
因為是個人選擇
後果自做自受自行體驗
人生真有趣

一點都不寂莫
好多人和我們玩角色扮演
太逼真了

人生的修行量表

張瑞明是阿隆政大企家班，美國杜蘭大學MBA同學
是學養實務經歷極佳的人力資源管理大師
他幫大家設計了自我提升的
人生的修行量表
阿隆很感激特與大家分享共勉

興隆：

　　根據您的開示，試擬「人生的修行量表」如下，請您過目。

　　滿分一百分，人非聖賢孰能無過，人生很難圓滿，滿分難得。

　　修行是人一生的課題，希望每隔一段時間填寫量表，都會有些進步。

瑞明

" 人生的修行量表 "

填表人／		填表日期／				
活到現在，我做人處事的習慣如何？請以1-5為等級標準，逐項標示我出現下列行為的頻率。		1	2	3	4	5
		難得一見	不常	參半	時常	習以為常
避凶	不見獵心喜					
	不被人激怒					
	不佔人便宜					
	不羞辱他人					
趨吉	樂善好施					
	謙和有禮					
	真誠待人					
	感同身受					
消災	罵不還口					
	打不還手					
	前嫌盡棄					
	無報復心					
解厄	不酗酒不沾毒					
	不二過不自棄					
	近賢人遠損友					
	絕不明知故犯					
幸福	孝順父母					
	愛護家人					
	濟弱扶傾					
	勤儉持家					
滿分100分，人非聖賢孰能無過，人生很難圓滿，滿分難得。修行是人一生的課題，希望每隔一段時間填寫量表，都會有些進步。						

苟日新，日日新，又日新

送給自己的生日禮物
就像打高爾夫球
過去幾洞紀錄已成事實
好壞不必來影響新一洞的開始
做好新的每一天
活著就有無窮可能
成就人生史頁

感恩大家的祝福

龍龍看到好多志工為老爸祈福祈禱
問我為何大家對你那麼好
我告訴他
我們待人接物真心誠意
不求回報
日久見人心
我敬愛每個人
人人都成良友

　　我這一生到各個大學、還有各個社團做過的演講大概也接近上百場了，我不是多了不起的人物，但是我勇於去嘗試，而且很樂意的分享我做過有什麼得意的、有什麼樣讓自己有一點點後悔的……走在人生這一條道路，有幾個大石頭，大家都一定會碰到，我會去強調這些石頭，總是希望你不要一再的在同樣的地方摔倒。

　　所以當我在成大醫院12天，被強迫降了體重12公斤（因為那時我的心臟已經衰竭到不能有太大的負荷），體力慢慢恢復時，我就下定決心，要趕快到大專院校做12場演講。我想趁著有這個機會的時候，把我人生的一些理念分享，讓年輕的朋友們大家不要在同樣的地方，我摔過的地方，還不信邪的硬在那邊碰、硬在那邊摔，繞過去就好了。

　　好多時候我們會因為自己心理的障礙，你會覺得怎麼老天爺那麼不公平？對別人都很好，別人都發大財，我那麼辛苦，每個人的命不一樣，你要很安然地過你自己這一條命運之途，好好把你身邊所能夠運用的整合起來，做對這社會有貢獻的事。

　　有貢獻的途徑很多，你把自己的家庭經營好、把子女教育好，能夠的話，親戚朋友有需要幫忙的，你也能夠幫他一些。最後如果還有多餘的，你也帶不走，我都

常常跟大家講：「你的存摺裡面留下前面兩位數字，後面的零的，分一點給需要的人吧！」

你有那個想法以後，就不會因為那個錢多一點或少一點，在那邊斤斤計較、患得患失。心胸一開闊，人生就康莊大道，不要被你那個，算是自私的心來折磨你自己。今天很高興來跟大家做報告，講得盡力了。謝謝大家，謝謝。

中科院孫副處長：

王老師今天用很多的小故事串起了大智慧，來告訴我們很多，他在這麼長的人生經歷裡面的收獲。聽著整場，我個人的感覺是「心法至上」。王老師最後結語的時候講得非常重要，我個人感觸是：做事的時候，其實很多道理大家都知道，但是有沒有這個心去執行。王老師的演講，聽到最後，其實執行也都是末道了。

重點就是，當老闆的都很了不起，為什麼他能夠得到那麼多老闆的信任？我個人覺得他的「心法至上」，什麼心法？「真誠、熱忱、無私、淡泊」光是這些，不管在業界當公會的領袖、當協會的領袖、甚至在我們院裡面上班、在人生、在家裡面當爸爸的、當丈夫的……我覺得這個心法如果練好了，在很多事情上面，做起事情來可能就會比較順心。謝謝老師，謝謝各位同仁，祝大家連假愉快，端午安康，謝謝老師，謝謝。

凡事心存感恩，逢人常懷謝意

閱人無數

愈有成就的愈謙和

歸納心得

他們

凡事心存感恩

逢人常懷謝意

我們一生所遇到的人

原來都是中性的

他們是因為我們個人心思投射在他們身上產生反射

對他們所言所行感恩

這些言行都充滿善意

向他們致謝

他們不會有敵意

一般人較自私自利

不會去感恩去感謝

怨天尤人

心情容易波動困擾自己

造成經常浪費生命在無意義的乾耗

而不是全心貫注朝建設性發展

無為

~~~~~~

在山上道場大庭院山門有斗大的兩字
無為
成千上萬修子曾佇足仰望苦思其涵意
老師要阿隆參悟
他自謙仍需苦修

自古智者多留如啞 之偈語
阿隆愚見是任何人想什麼就是什麼

闡述再精彩而沒在生活化為行動有益社會都是空談

本來就沒有

你一輩子的經歷
都是無中生有
自做自受
不論成敗
既不見獵心喜也別失望悲情
自己管好自己
沒必要嫉妒他人的成就
不鄙視受挫的人
成敗是世俗之見
它只是每階段的試煉
祝福每個人自我突破

CHAPTER 2

Race Prosperity

父親節的禮物

阿隆送四位王家將放在心中的父親節禮物
問心無愧盡做人本份不爭
一切自有定數
我們不要辜負天賦與天意
讓我們擁有才華在各專業領域服務大眾
上天讓我們擁有可觀的財富
是託付我們做最有意義的分配
濟弱扶傾幫助困苦的人

父親節快樂！

淘氣阿隆

王家在太子廟開了全村惟一的碾米廠
算是第一家自動化工廠
阿隆就在米廠出生
每天都在追蹤研究機器
把稻米去殼去米糠變白米
門牌就是太子村1號
曬穀場邊有一口水井
每天三餐吃井水煮新米

那種清香甜美的米飯現在都吃不到

阿隆有4個舅舅最疼我

常從永康跑到太子廟和阿隆玩

在對面長老教會二舅幫我擺姿勢大舅幫我拍照

弟弟們堂弟們陸續出生

喜歡坐我腿上聽故事

王家男丁肯上進有哈佛博士醫生

台灣鄉下長大的囝仔在海內外

都很爭氣

我們志工也都期盼一代比一代強

軒融呀！外公小時候5歲的照片

那時沒彩色只有黑白

自耕農

小時候無意間看到父親的身份證職業欄寫著自耕農

我問父親

你不是老師嗎？

他笑著說祖先留下農地

只有自耕農才能繼承

現在農地開放自然人也都能自由買賣

每年父親的農地都種不一樣的作物

有一年種地瓜
收成時父親載我回鄉下
僱了工用牛犁田翻土
我看到許多挑扁擔的人
搶著揀地瓜
問父親他們在幹什麼
父親說他們都是宗親
來揀小地瓜回去吃
我是小地主也跟著工人收成
很快發現跟在我旁邊的宗親
不挑小的反而多拿大的
我去糾正他們
他們不理睬阿隆這個念小學的後生小輩
看著幾十個扁擔挑著地瓜走在田梗上

我去問父親為什麼放任他們拿那麼多地瓜回去
父親笑著說
我們有這些就很夠了
他們喜歡拿回去的就算送他們吧！
父親打開了阿隆慈悲的開關
好東西跟有緣人分享

黃麻

8歲常在永康水田邊看人採收黃麻

農民現場剝黃麻皮紮梱泡到水渠2週腐爛後取出纖維做麻繩

剝完皮剩下的木質桿

曬乾當柴燒

阿隆喜歡撿來當長矛擲遠

父親教我可以拋得遠的施力動作

以後拿竹柄標槍訓練阿隆

初中高中大學運動會得獎無數

許壽亭國手剛到成大任教

帶訓田徑校隊

從美國學校買到剛進口的鋁合金標槍給阿隆

於是左肩背書袋右手持標槍在校園進出

父親知道我肩傷嚴重

安慰我在空軍官校主辦的全國大專運動會盡心盡力就好

阿隆在80多位各校好手中奪下金牌

回家不吭聲

父母也不敢問成績

隔天他們看到報

才知道我奪得金牌

我才亮出整夜掛在胸前的金牌

一項兒時遊戲十多年後修成正果

父親節要到了

感恩老爸的用心用愛栽培我

阿隆牽羊抓雞進城去

1961年8月父親從新化農校主任調職到台南護校
舉家搬遷
一頭撒能母山羊
一對日本赤羽雞
在台南護校內一起下車
大人搬傢俱
阿隆用竹桿搭草棚放羊雞
去台南醫院拔草餵羊
幾條曬乾絲瓜倒出10多粒黑色種子
種到幾棵鳳凰木下
以後才有吃不完的大絲瓜
教職員和子女都很好奇
新來的王老師一家五口
與眾不同
後來孵出小雞送他們的小孩養
半年後大家常在意想不到的地方揀到蛋
牆外的居民也想養那麼肥大的雞
跟阿隆預約受精卵去孵小雞
幾年後圍牆內外都是新化來的胖雞

我的姊妹們

〜〜〜〜〜

阿隆1961年9月住進台南護理學校

教師宿舍

小五已像小大人

假日學生喜歡到家裡找師母

學廚藝煮點心吃

會請爸媽出借阿隆

保護她們外出逛街

阿隆很稱職當保鏢

以致於自認女生都是姊姊

就讀台南一中成功大學

好多同學往我家跑

說阿隆好幸運有好多女生可看

心想她們都是我的姊妹

你們不能欺負人家

父親20年前告別式

好多他的學生從金門馬祖澎湖台灣各地來送他最後一程

都親切說阿隆好久不見

這些都是我的姊妹

二弟三弟亦有同感

父親去新豐高中兼課

賺鐘點費設清寒獎學金

我三兄弟耳濡目染有樣學樣

父親榮獲第一屆師鐸獎實至名歸

養殖

我們的祖先300多年前就來台灣了
跟鄭成功一起過來的
王家莊那邊有好幾十甲地
慢慢的有大概有一甲左右的土地可以運用
我就跟我爸爸媽媽說
那塊地讓我來規劃

我蓋了100多座水池
還鑿了一個深水井
並教我堂姊和她的小孩
怎麼繁殖、怎麼養
因為想幫助他們
讓他們有個收入

當時我準備了錢
也把養殖的技術轉移給他們
我跟我爸爸講：「這個大家均分吧！」
我爸就說：「我們幫他們忙，收入都歸他們吧！」
我說：「好吧好吧。」

他們現在經營魚的進出口，
做了40幾年也創造了不少的財富蓋了好幾棟房子

這都要謝謝我爸爸很慷慨
也影響到以後我對財富抱持著
「能夠幫人，沒有問題」以及「有錢要賺，再賺並不會吃
虧」的觀念。

現在每次回到鄉下，他們都對我非常好，
總是「阿隆阿隆」的喚著我，
還會問我：「你要不要撈幾隻魚回家養？」

父親的告誡

昭雄你絕對不要涉入政治
這是家父對阿隆的告誡
我答應了也做到了
我也告誡龍龍不要涉入政治
服務社稷途徑很多
王家人憨厚耿直的人格特質
適合做自己
我告訴龍龍
你一定是大企業家
無論多富有
就是不要涉入政治
政治適合聰明能幹有抱負的人

生意人就好好做生意
把事業做好造福世界
我見到有了錢以為用錢就能為所欲為撈過界
都沒好下場
龍龍謹記

貓空杏花林有賣當天採收的杏花枝
以前常帶四個小孩去買
還記得杏花？

原來我也陪伴媽媽走過憂谷

阿隆小時候父親公教職
收入不足養家
母親很辛勤工作補貼家用
還存錢買房子
長期處在生活高壓日子
有一天開始她兩眼通紅人極痛苦
她尋求宮廟解厄
都由阿隆陪伴
約莫一個月才恢復正常
現在想起來那就是憂鬱症
這一生見到不少人也有這現象

我都會祝福他們平安度過考驗

不要給自己超限的壓力

給認真的人鼓勵打氣

20年後的最後一站

20年前父親去世

母親很堅強的獨自住在台南家

每天都為父親祭拜餐點

三兄弟希望接母親回家奉養

她不願兒子增加困擾

王家的財富大都是母親投資理財得來

因為父親當老師的薪水都用做清寒學生獎學金

三兄弟曾提議母親老年住進安全舒適的安養院

她反應十分激烈

告訴阿隆

你是大哥要禁止兩個弟弟送她去安養院

否則她就自我了斷

嚇得三兄弟不敢再提

最近常跌倒昏倒地上

嘟嘟把阿嬤連哄帶騙帶回台中她家突破阿嬤死守家的困境

三弟於是洽詢他任職的台中慈濟醫院附屬護理之家

他每天隨時就近探望

只要母親點頭
她就能得到最好的照護
15年前帶志工們去參訪雙連安養中心
要做長壽社區安養參考
基督教、佛教都辦了很好的長照機構
阿隆願望實現不了
留給龍龍承先啟後
造福人類平安平靜的晚年

有兒初長成

起床沐浴盥洗
看著龍龍睡在身旁
25年前阿隆在汀州路三軍總院照顧父親
感謝諸天神聖讓我們成為父子
我告訴龍龍
人生是許多抉擇舖展開來的故事
每個抉擇有多個備案
每個備案將產生不同的後果
當事與願違就立刻採取替代方案避免不知所措
通常想出數個備案
然後選最理想的全力以赴
其他的通常備而不用

王家祖產是祖先留下來
由你繼承
如變賣只准用於投資
獲利半數用於公益
龍門廟的土地由你繼承
保護土地公土地婆和百年大樟樹
當地民眾善男信女自發性整理100多坪的土地環境
我們尊重他們的信仰
但請他們不設奉獻箱

你幾年後辛苦工作的收入積蓄
創立一家獨資公司
將你的實力化成一個獨門核心動力控制元件
供應全世界各產業
其他就靠你自己去開發
經營細節都跟你提過
老爸只是你的開路先鋒
記得50歲起每年提撥五成收益到公益基金庫
做繁榮社會企業永續經營的後盾

全家福

祭祖返回台北

嘟嘟全家5口開車北上

難得拍張全家福

三女婿去停車來不及同框

4個外孫拿到新年紅包特開心

旋即返家打理行李明早入住台大醫院

12小時搭高鐵南北父子聊了很多

觸及他的結婚大事

他說目前工作很吃重無法分心交女朋友

我告訴他情投意合價值觀相近能相夫教子

月下老人會為你們牽紅線的

專心打好事業基礎

再建立自己幸福的小家庭

王家360年前來到台灣台南仁德蔦松腳

304年前神農大帝來王家莊

服務社稷

你阿公為人正直連神明都信任

1971年神農大帝聖諭將金牌金塊交由你阿公保管在台灣銀行

保險箱

10年後取出用以建造

巍峨新廟開農宮

你也承襲我們誠懇和善家風
穩健踏實必有所成

生，養，教
~~~~~~~~~~

上次 12 天住院感觸良多
除了感謝母校成大醫院眼科、耳鼻喉科、復健科、病理科以
及心臟內科李柏增醫師、總醫師、護理師等團隊
妙手回春
體重從 100 公斤降到 88 公斤
兩個女兒嘟嘟和圓圓輪替來台南照顧阿隆
在大陸的小鳳與龍龍透過她們即時同步掌握病情
生他們四人真是天意
撫養他們完成學業

從沒想過被照顧的一天
她們有自己的家庭
有自己的孩子
一直以為老爸是硬漢是不生病的
她們現在把帶小孩的經驗用到我身上
讓我哭笑不得
還好以前對他們都很好

成人之美

昨天和三弟將母親從慈濟護理之家接出來
到永靖成美園區
才二年又擴大一倍規模
停車場很大
將迎接來自海內外全球遊客

兄弟陪母親繞園觀賞
母親說你們出生太子廟王家
就像這樣
因為開了碾米廠
庭院變成曬穀場
後來被徵收開成大馬路
上崙仔老家大池塘
也被徵收蓋成高速公路
社會進步總有人吃虧
但最後都受益

你們父親和我辛苦把你們三兄弟拉拔長大
他們的古厝保存得很好
永靖田尾北斗各宮廟迎神賽會
到處都有繞境神轎七爺八爺三太子
家家戶戶門前擺出供桌祭禮獻香

母親喃喃自語向神明祈福

台灣先民生死與共幾世紀

才有今日繁榮

大家珍惜

姊妹情深

小鳳圓圓差8歲

她念書圓圓龍龍在旁嬉鬧

轉眼都成大人

本來三人約去烏來溫泉飯店用餐泡湯

龍龍沒趕上

祝姊妹行車平安愉快

小鳳希望在台灣買房子

阿隆告訴她家裡房子她可住

行醫濟世告一段落

過自己喜歡的自在日子

這是十年後的事

阿一居家養老有中醫師照顧

母女相倚為命很好

龍龍有空回家探望

阿隆的大女兒乾女兒

小鳳昨天到阿華家去
她們是崇光女中國中部同學
阿華成為我家的女兒
台大法律系碩士現職律師
人的緣份真奇妙
鄰居國中高中同學
常一起接送她們
阿隆在國喬教她們倉頡輸入法新要訣
兩人變成一分鐘可輸入百字的快手
成為班上的電腦高手
家中變成有四個女兒
阿華的先生台大機械系碩士
也在國喬工讀表現很優秀
現為科技公司技術長
是龍龍的榜樣
他們生了好聰明的兒子
將來是大將之才
祝福全家人快樂幸福

阿華回應：
謝謝王叔叔媽媽啟芬芳芸倫待我如親
此情此恩 今生不忘

謝謝您們的關愛
滋養了我的生命成長
謝謝您們的親身榜樣
傳承溫暖慈悲愛予我
我願再傳承給暐和有緣
因為有您們 超幸福的

也謝謝群組的大家同在
祝福您我他每個生命豐盛平安自在喜樂

過年

一早龍龍幫我到菜市場提重物回家
阿隆9點前趕出六道年菜
蔬菜就交給阿一炒了
今年過年最熱鬧
也祝福大家過個大好年
平平安安
健健康康
開開心心
有福同享

休息時聽小鳳分享三年來行醫心得

診所有多位醫師看診
只有她能開中藥方
病友特多的
為診所創造大部份的收益
病友會熱心推薦更多的親友
他們知道王醫師來自台灣
都問她習慣杭州的生活嗎
認為台灣教育出來的氣質涵養真令他們欣賞

姊弟倆打理家務
小個子的阿一急得團團
在巨人間搶救要被清掉的
人老惜物捨不得拋棄
孩子是革新的動力

回娘家

嘟嘟要從台中開車回娘家
圓圓走路回娘家
小鳳不嫁人在家
阿華回她娘家也回乾媽家
阿一帶王家將回娘家
每戶人家把女兒培養十八般才藝

嫁到夫家生兒育女相夫教子

真是偉大的傳承

女人比男人辛苦多多

生活壓力太大了

一年一次回娘家重溫單純無憂無慮的少女快樂時光

阿隆感恩母親岳母阿一

感動志工們女力當家茹苦撐起相夫教子重責大任

祝福天下女兒都回娘家告慰爹娘

天賦

阿隆小時候繁殖過天竺鼠

養過一群兔子放到山上去吃草

爬到樹上看到每種鳥巢就知道什麼鳥造的

好奇沒看到學習過程就會築巢做窩繁衍下一代

這是天生的本能嗎

還是後天學到能力烙印在遺傳基因

想想真是有趣的探索

我們養成好觀念好習性

後代子孫也容易傳承下來

成大校友回應：

　　我兒子說生命科學有實驗說白老鼠後天學習的結果會改變基因，烙印下一代，不經過跟上一代學習也會有同樣反應。他也覺得不可思議。

從小栽培

成大工科一年級同學高主仁
他告訴我他建中同班同學家教很好
衣服燙得筆挺皮鞋擦得亮晶
待人接物彬彬有禮
將來一定是大人物
要阿隆記得他
赴美攻讀管理學博士
回台在中山大學任教
校長任滿
任財金機構董事長
大家只看到他後來的成就
不知他從小嚴以律己發憤圖強
他能做到
你們將來的子女可要好好栽培

甘之如貽

幾十年來謝謝大家邀阿隆阿一出國旅遊

時間擠出來成行屈指可數

我倆生下四子女

忙了一輩子養大了

以為沒事可自由了

現在阿一照顧小外孫

阿隆負責做飯菜

幾乎是全職

真的分身乏術

我們找一個自我期許

我們為地球培育一位偉人為榮

以前小一教龍龍背《古文觀止》文章

現在教九月將讀幼兒園的軒融背《詩經》

提供鍛練鐵人三項的健康飲食

希望將來李家出個偉人服務天下

30年後龍龍上香告知我們結果

童年

回憶童年

幸福感油然而生

阿隆阿一創業後

孩子陸續出生

事業好忙常加班到10點

幸好岳母幫忙照顧4個小孩

我們假日盡量陪伴孩子

現在退休了

有更多的時間幫忙照顧孫子

感恩軒融上幼兒園前

阿一白天當全職的外婆保姆

阿隆當大廚買菜做飯5年

就是想給軒融深深的愛

幸福感十足的幼兒歲月

每當虎媽圓圓強勢教育兒子

阿隆都勸她寬容犯錯給他快樂的童年

人很快就長大

到時候回憶童年

若出現充滿剉折感的印象

會干擾他的生命旅程

軒融

外公祝福你有個美滿的人生

造福更多人

感動時刻

為小偉人煮好中午飯菜
他兩度猛聞我身
我問寶貝外孫你在做什麼
哇！他的回答讓我眼眶一陣熱流
「我要記住外公的味道」

這讓我想起曾在捷運上聞到媽媽的味道
一下子回到兒時氣氛
小時候媽媽會在化妝台前
順便在阿隆臉上抹上面霜
媽媽背我抱我都聞到媽媽的味道

小外孫寒訓

今天在東京滑雪接受寒訓
4歲居然第一次成功滑了30公尺斜坡
毫無畏懼
虎媽圓圓很嚴謹的培育未來的地球主人翁

我當年培育龍龍是往跨國企業家栽培

他在成功的途中

阿隆一生多方涉獵方悟

聖凡兼修之道

年過七旬

只能由龍龍來證明可行

至於經國濟民

小外孫40年後證明圓圓培育成功

他們的成長歷程

阿隆不藏私與大家分享交流

希望我們志工行善之餘

好好培育出傑出的下一代

外公

每次等垃圾車及回收車

就看到圓圓牽著 3 歲的兒子

軒融提著輕的回收物一路跑

大聲叫外公外公

他親自把回收物品交給車上的清潔隊員

大家離去了

他堅持站在路邊揮手送別兩車

司機及辛苦的叔叔們都很欣慰向他猛揮手致謝

阿隆的外公在 1944 年盟軍大空襲台南時
屋毀自己的父親被壓而亡
舉家避難而移居永康鄉市區
是唯一的牙醫兼車禍、地震災民的急救醫護
沒錢的窮人病患
外公常不收費
有時還送錢給很可憐的

阿隆 3 歲到 8 歲在阿公身邊耳濡目染
喜歡把自己的東西跟同學分享
不知道小外孫今生從我這外公能養成什麼樣的思想言行
阿隆叫他小偉人
他有個 200 公分高的偉人父親
跟我外公一樣是牙科醫師

朗誦詩詞

志工張有綺知道小鳳四姊弟從小朗誦詩詞
現在教小外孫
請教阿一如何進行

學長您好！記得您提到阿一學姐教軒融詩詞文學，請問可以分享方法或教材嗎？在美國我的小孫子剛滿兩歲，也很希望他能夠接受一點中國文化的薰陶。謝謝。

　　　　　　　　　　　　　　　　　　　　　　張有綺

有綺，妳好：

我個人是先帶音韻，再進入歌韻，

其後詞彙、詩歌、詩詞，

嬰幼兒一開始就可以陪伴說話，哼唱，極簡音符，

漸進漸層，

幼兒學習是周而復始，不辭，

兩歲的幼兒，在帶入歌韻時，要帶意境動作，簡單、即景，

感謝嬰幼兒不會嫌棄音準，妳可以創作短歌（impromptu），

一邊搭積木，一邊哼唱，

幼幼兒課程十五分鐘一節，漸長漸長，

之後，詩歌朗誦，也是即韻即景，

例如，白日依山盡黃河入海流，

一邊慢慢朗誦，一邊帶入動作，簡單，從意境到詞彙，

課程可以先安排，堆積木數一數。詩歌，外出散步時，例如，校園操場，吟誦：半畝方塘一鑑開天光雲影共徘徊。

年輕的媽媽都是國母

四個孩子跟大家一樣，都大有來歷
今世扮演什麼角色
演什麼就盡心盡力去演好這角色
成果都心甘情願無怨尤
圓圓被預告是國母
難怪她把自己兒子當國之棟樑培育
所有年輕的媽媽都用心教育自己子女
彈丸之地群賢輩出天下太平

超級暖男的培訓

現在軒融才 2 歲 8 個月大
圓圓就開始訓練兒子
洗菜、洗碗、做南瓜饅頭等
她告訴軒融他將來要比龍龍舅舅更強
軒融幾乎天天吃外公煮的飯和菜大喊好吃
王家的傳統塑造李家的大暖男

小偉人壽星

軒融三歲生日
和父母甜蜜紀念照
將門之後任重道遠
阿隆阿一傾畢生所學
為李家未來傑出的祖先
打造深厚的底蘊
阿一週一到週五每日十個小時教育
阿隆每日供應大量鮮食蔬果
將來擁有 200 多公分高的強壯身體
日理萬機造福世界
軒融寶寶
外公外婆好愛你！

領袖氣質

圓圓妳和牧謙身負重任
軒融自小培養領袖氣質
教他禮節守紀律但不要限制他的天性
不要成為唯唯諾諾沒主見的乖乖
我在嘟嘟家她正在讀一本新書
領導要有僕人為人民服務的胸懷

這是我在南一中高一當班長
榮譽旗所得到的啟示
以服務取代領導
軒融從幼稚園小班開始培育
世界需要各類人才
而能整合人類資源造福人類的人
是可期待的

神獸要入園

虎媽圓圓很緊張
再6週就要進靜心幼稚園小班
她每星期照表操課
帶軒融上
游泳課
體育課
美術課
音樂課
化學實驗
手工藝體驗
在家由外婆教詩經唐詩
圓圓和龍龍的車庫前合照
是龍龍上小橘班的第一天

軒融看到這張表示：龍龍舅舅看起來不想去上學喔！
大阿姨小鳳說
神獸九月就要入園
圓圓要當國母
任重道遠

李家將上學了

昨天小外孫去麥當勞居然要半價
3歲9個月大
今天第一天上幼稚園
全家人一起隆重上學去
要培育25年才能成為可用之才
人才培育不易
國家要善待人才善用人才
民眾生活才會安和樂利

這個階段寓教於樂

阿隆提點圓圓教子要訣

培養自動自發精神

鼓勵遊玩中找出興趣
小外孫會跟教練要求再游一趟
教練問為什麼
他說我沒游好

自我要求真好

抉擇

小外孫放學後
騎車到文山森林公園玩到滿頭汗
再騎到外公外婆家吃優格
今天外公拿出40多顆七彩石
讓他挑人生第一批美麗的收藏
允許他從中挑七顆喜愛的
他數到七個
看到別的也有他喜愛的
圓圓告訴兒子
一個換一個
最多就是七顆
其他是表哥表姊他們的
他換了一個
圓圓就說不能再換

不要貪心
說好七顆就七顆
向外公外婆說謝謝
母子開心回去了

籃球小子

外公這顆籃球能不能給我
阿隆說當然可以
圓圓說不行
這顆球是舅舅的
要得到他本人同意才可帶回家
於是用手機讓軒融徵詢龍龍同意後
開心把球帶回新家
他爸爸200公分
龍龍舅舅192公分
當年都是再興籃球校隊
軒融身高預估206公分
高中大學打校隊可預期
外公對小外孫說軒融有大將之風
他問大將是什麼
是大將軍
他問什麼是將軍

外公告訴軒融他的太爺爺就是將軍
你是將門之後
將來要以天下為己任
現在好好吃飯運動學習
看他運球自如
真是籃球好小子

初嚐捨不得的滋味

小外孫昨天跟父母去喝喜酒
領到熊寶寶米香棒
好喜歡愛不釋手
虎媽圓圓問他喜歡就吃
他考慮再三說
那麼可愛捨不得
連說幾次捨不得
把它收藏起來
他又說很奇怪的感覺

人生有太多捨不得的東西
讓人糾結一生

遊戲規則

外公告訴小外孫
一生中我們都在玩遊戲
每種遊戲都有規則
你必須尊重遵守
才能和大家玩得開心
以後你要有能力發明讓大家樂在其中的遊戲
創造人人都喜歡的遊戲規則
外公外婆準備
象棋、跳棋、圍棋
讓軒融體驗不同的遊戲規則

3/12台北小鐵人競賽特訓

小外孫去年拿到一面獎牌
今年志在奪標
外公倒是鼓勵他樂在其中
不要有得失心
自己跟過去的自己比就好

悲天憫人

小外孫到外公外婆家
會去翻外婆在看的時代雜誌
對每一期報導的天災
問外婆發生什麼了？
外婆告訴軒融這些是地球氣候變異造成各地水患
你媽媽就是在研究氣候變遷
他翻到巴基斯坦的災民照片
說他們好可憐
外婆與外孫會討論天災人禍戰爭病毒
阿隆很高興他是悲天憫人小天使

樂高交接

小外孫軒融有天跟虎媽圓圓說
龍龍舅舅已長大不玩的樂高能不能給我
我是小Baby
不
我是小朋友
媽媽問他為什麼不是小Baby
他解釋那是1歲的
我已經3歲半是小朋友

小外孫用字之精細令人印象深刻

舅舅昨天把所有小時候的樂高作品拆卸洗淨消毒低溫烘乾

一整箱送給軒融

龍龍受惠幼時玩樂高

5歲看使用手冊拼出各種造型

奠定思覺空間創意實現的基本能力

小一就得到台北市國小土工比賽第一名

阿隆很好奇軒融未來的驚奇表現

龍龍對小外甥充滿無限祝福

交棒圓滿成功

新家

圓圓和龍龍也是在4歲

搬到新家

軒融在新家有自己專屬的餐桌和書桌

他會和玩具狗說話

寬大的書桌成為他打造樂高世界的基地

他自己擁有自己的房間

會說謝謝爸爸買給他

好小子

4歲~6歲組131位小鐵人
4歲的軒融在700公尺項目居然跑第一名
外公說他腿上一定有長毛
他問為什麼
這是飛毛腿
他笑說我腿上沒毛啦
有速度可以培養為田徑選手
標槍以破百米為目標
25歲完成
21年循序漸進為華人爭光
小外孫說外公要到場看我拿金牌
對外公是個挑戰
93歲的生日禮物標槍金牌

赤子心

赤子之心
真切不虛
無憂無慮自由自在
快快樂樂一團和氣

小外孫收到外婆當學生
教起鋼琴一板一眼
問外婆已教三曲要常練
阿一只好認真練

阿一每期時代雜誌有量子電腦或新科技報導
就把新認識英文術語請龍龍講解
龍龍肯定老媽的多重宇宙
建議她再去教軒融
教學相長

祖孫

昨天傍晚當司機送小偉人去學鋼琴
在車上玩小玩具
有個黑頭冠掉了找不到很懊惱
外公告訴小偉人
一定在車上某個地方
到家停車外公開車門幫你找
遇到問題你要當偵探去推理
思考有那些方法能解決問題
這是很有趣的偵探遊戲
人生漫長

自己惹的或外人造成的麻煩

不要生悶氣

用偵探的精神找出化解之道

你媽媽會跟你講

福爾摩斯、柯南的偵探故事

很有趣的

下車打開車門

先看腳踏墊

再摸小偉人坐椅

沒看到

伸手進椅背頭靠枕後面賓果

小偉人很高興寶貝失而復得

連說謝謝外公

阿隆說外公從小就是偵探

軒融說我也當偵探

軒融表演

這是第一次小小成果發表

軒融開始許多人生的第一次

外公想像他30歲

在自己的辦公室以鋼琴彈奏宣告美好的一天開始

無論身份地位如何

都能以琴會友自娛娛人
4年前呱呱落地
外公外婆見證一代偉人
被有計劃栽培
中華文化的底蘊
人類文明的傳承
悲天憫人的奉獻
李家誕生小偉人

小外孫大哉問

為什麼叫加薩走廊
一連串以巴戰爭的緣起
圓圓被5歲的兒子問到不知如何回答軒融在房間裡管理一個
地球儀
母子兩人都在研究地球
兒子想知道地球每個地方的歷史
母親研究地球氣候變遷大氣汙染

每次載他們母子去上鋼琴課
聽到小外孫求知若渴的精神
腦海出現20年後場景
地球上一群新人類拯救地球

我們都用心栽培小娃兒

當個稱職父親和外公

阿隆今天上午買些日幣
搭機場捷運到桃園機場二航廈
送機外孫女映慈要去日本東京
和小鳳會合
大阿姨很喜歡和她一樣喜歡讀書創作的外甥女
一從杭州一從桃園同時起飛
祝福她們平安健康順利
既然她們來當我女兒孫女
我就盡我責任關心她們青少年期學習成長
等大學畢業後放飛遨翔天地間
我的子孫都將善待所有人

巨人鐵板麵

昨天開心跟母親和三弟回台南過端午節慶生
母親吃著孫女嘟嘟送她的桂花凍點心
來回8個多小時
母親神采奕奕誨人不倦

比半年前體力要好太多
三弟就近孝順居功厥偉
圓了母親心願
相約明年再回台南慶生
老天爺會保佑她平安健康
還會送她百萬元
活越久領越多
我告訴弟弟
父親過世時遺產母親全給三個兒子繼承
她嫁到王家奉獻一生
我等子孫更該孝敬感恩

從台中一個人開車回台北
撐到關西休息站
端著小山丘般鐵板麵
引起眾人側目
他們是小小一團麵而已
小秘密
多付20元加麵
天黑前安全返家
真是安康的端午節
前晚睡在女兒家
聽到孫女映慈彈奏自己做曲的歌真好聽
鋼琴吉他烏克麗麗二胡古箏揚琴等樂器都是她的才藝

國中一年級就有自己的志向
外公阿隆很高興
還有三天假可以在家好好休息

班長副班長

台中三個外孫開學
國一的映慈被老師安排為班長
小五的惟亮被老師安排為副班長
頓時榮譽感上身
回到家主動做家事寫功課
我這外公叮嚀他們
快樂為同學服務
熱心幫老師分勞當小助手
恭喜孫子們開始體驗服務人生

很少人見過阿隆生氣或批評人
我讚嘆每個人都有優點是我所欠缺的
學都來不及
大家都在做自己認為自己才對的事
少有故意冒犯他人
將心比心
大家都安心

順勢培育法

我們當父母的
是孩子的守護人
用愛心陪伴他們長大
鼓勵代替責備
做得好不吝讚美
沒做好就鼓勵孩子勇於接受事實
再接再勵
永保好奇做中學

叛逆期

有幾位志工家中有叛逆期的子女
親子衝突日劇
不知如何是好
今天問小海妞她是如何渡過叛逆期的
她在 變時真令大人憂心
我們都順她勉勵她祝福她
不要求考高分
尷尬的時期過後
親子關係又恢復和諧

映慈說回想一年多前叛逆期

現在覺得自己真幼稚

她得到全台中七年級學生科普競賽第三名

成為全校只有5名的資優生

讓她興起更大的志氣向學

祝福大家的子孫都安渡叛逆期

青春期

方典提問：

　　請問您小孩面對青春期的時候，後來是怎麼樣使他的生命可以做很大的一個轉換？這中間你和你太太扮演了什麼樣的角色，那又是怎麼做的？

王董回答：

　　孩子需要陪伴，你讓他任性一陣子不要緊，不要這也去制止、那也去制止，親子關係就會尖銳。因為他如果會變得很壞的話，你怎麼攔也攔不住，更何況他只是青春期叛逆期，那個時間熬過去，就恢復正常了。

　　聽說那個時期，前額葉開始生長，生長之後，就開始有自己的意識。我四個小孩子都是那個時候給我好臉色看（全場大笑），可是我不生氣。因為我小的時候我爸爸很兇、很

嚴，兩個弟弟哭一定打我，哥哥沒有照顧弟弟，是我太調皮搗蛋，不是做壞事，但是真的很調皮搗蛋。他不問原因，先打一頓。我被他打到跟他講：「將來我有兒子，我一定不會打我兒子。」他嚇一跳。

龍龍的同學都被修理得很慘，他說：「很奇怪！我爸爸沒有打過我。」

對孩子耐心陪伴，然後告訴他們：「你可以照你的想法、照你的辦法去做。要是行不通，爸爸媽媽可以提供一些意見讓你做參考。」而不是一開始就教他應該如何如何，這樣的話，親子的關係就會惡化。

好多志工都曾經問我這個問題，他們問：「你四個小孩子為什麼都那麼好？」要感謝我的老婆阿一，她帶他們帶得很好，她這一生來講的話，就是為了栽培這四個小孩。

養孩子

阿隆父親為追求母親
多次忍著痛找外公牙醫
竟然讓母親看穿他的企圖
阿隆就是要靠他們才能來到人間
白雪公主下嫁又黑又瘦的輾米廠小開
大家庭10多人吃飯
多個孩子多一個碗一雙筷子

於是自然長大

輪到阿隆被一鍋老母雞湯迷到娶了胡家大千金

無意間生了四個孩子

迷迷糊糊把他們養大

看到這篇分析

原來錢都花在這上面

看到嘟嘟圓圓

算一算要上一堆才藝課

加上通貨膨脹

20年後大概幾千萬跑不掉

祝福勇敢的父母勇於繼往開來創造青出於藍更勝於藍的後起
之秀

江西南昌

岳父江西南昌人

先祖多人進士舉人書香門第

小鳳3歲外公會牽她小手

散步到新生南路龍安國小內

邊走邊教她背唐詩

養成她日後記住唐詩宋詞歷代詩賦

阿隆台南鄉村玩瘋的野孩子

不知詩詞是何物

老師上課才接觸課本

小鳳就讀政大應用數學系時

修了一門詩詞賞析學分

卻都沒去上課

教授每次點名看她都沒到

就對全班同學說一定把她死當

期末考時

小鳳第一次出現坐在第一排

教授現場臨時出兩題要學生寫出賞析

一是賞析《孔雀東南飛》

一是賞析《滕王閣序》

不准翻書

然後就坐在小鳳身邊

要看這個不來上課的學生如何做答

只見小鳳一字不漏先默寫出這兩篇原文

再進行論述賞析批判

教授若有所思離開教室

最後成績公佈出來

小鳳最高分

小鳳回家得意告訴老爸

阿隆提醒她　這位教授惜才愛才　真有雅量

妳要誠心謝謝老師

士不可不弘毅，任重而道遠

小鳳寫了多本書
以簡體字版在大陸發行
告訴龍龍
她無意間看到有讀書會
選她的《既然時光留不住》

文編組說在博客來網路書店
查到好多小鳳的書呢
超級厲害

阿隆把自己的感悟
用在四個孩子身上
啟發他們的潛能
自動導航在人海上
服務眾人快樂奉獻
我們一家人樂意分享
與志同道合朋友共勉
更希望在校的學子
人人成為社會的棟樑

王啟芬答覆多人提問
希望出繁體字版

台版的名字是《其實，你無法留住任何人，包括你自己》人本自然出版社，簡體版改成《既然時光留不住》石油出版社。

英語法語義大利語

小鳳居然到長沙溫習三種語言
龍龍強迫自己苦練英語以備和外國專家順暢交流
練就一身本事
多會一種語言
就多出一個 廣的施展空間
我們家4個孩子都以蘇慧貞校長為典範
她當過白宮訪問學者
英語造詣非凡
他們現在都致力加強外語能力
不必我再耳提面命
阿隆甚為欣慰

心想事成樂觀豁達

小鳳參加人才房申請
790人申請通過審核

搖中率10%

她一直唸要平常心平常心

阿隆告訴她一定中

心想事成

多重宇宙有個妳一定如願

人要樂觀

成者我幸不成我命

豁達不為事所困

老爸前年提前佈署向1300買了標價40多萬的鳳凰彩瓷

準備為小鳳新居佈置

大樓又正好命名鳳樓

那年陪嘟嘟到東海女生宿舍報到

嘟嘟不告訴父母

搭車到台中東海大學參加景觀系甄試

現場教授出一考題

請畫出東海大學景觀印象

嘟嘟最高分錄取

好傢伙爭取到獨立生活四年

第一名畢業

想考建築研究所

阿隆看她重度近視

建議她考台大城鄉所
結果第一名錄取
乖乖住回家裡
她想到歐洲攻讀博士
公費留學兩年都考第二
（僅有一個名額）
我勸她用三個月準備高考
高分錄取分發台中市府
結婚生1子2女
阿隆嘉勉嘟嘟等於修個博士

嘟嘟

阿隆第二個孩子
花我最多的女兒
私立再興幼稚園3年加上小學中學高中共15年
私立東海大學4年
台大工學院城鄉所碩士2年
老公成大材料所碩士
育1子2女

　　非常感謝爸爸，在我們小時候，很有威嚴，讓我不敢變壞；沒有給我太多課業與工作壓力，讓我可以自在發揮；不

時提供金錢救援，讓我念書時無生活壓力（大笑）

　　現在長大了，知道適當壓力可以讓人成長，請爸爸放
心，我會兼顧工作、家庭、健康和修行～

嘟嘟

人盡其才

只要盡心盡力無怨無悔
阿一當年被父母期待留學美國
竟下嫁台南鄉下長大的阿隆
問她有沒有後悔
她想想
體驗創辦國喬電腦
寫了國際貿易電腦實務演練成為大專國貿教科書
為幾十家貿易公司完成電腦化
生了四個孩子
從未為錢煩惱過
只是不懂阿隆把錢送不認識的人
而不留給孩子買房子

有人想知道嘟嘟看的是哪本書──
《僕人領導學》
台大城鄉建築研究所畢業

高考都市計劃高分錄取

任職台中市政府都發局

辭去主管職當正工程司好有時間照顧三個子女

不然她會是好的領導者

為社會服務殊途同歸

開業 1

圓圓是三個女兒個性最像阿隆年輕時

她希望我給建議

她先生準備要自己開牙醫診所

我幾個提醒祝福他們

1. **圓圓先完成因結婚生子擔擱的台大，美國紐約大學的雙博士學位**

   她點頭答就差臨門一腳

   不會放棄自己的專業

   目前為先生規劃診所訂 SOP

2. **找姊姊家華當診所法律顧問**

   她答家華姊姊已經答應了

   家華說時間過得真快

   以前到妳家找小鳳看到還在地上翻滾的圓圓龍龍

   現在長大結婚也要開業了

真高興

3. 聘牙醫與助理要謹慎

她答牧謙會向我報告

4. 你們一定要請牧謙父母參與

這是李家事業

妳的娘家默默祝福支持

她答知道爸爸的作風

一家成功的診所

不只是要有一流團隊一流設備

更要有親切的服務態度

給予病患最妥善的治療

公道的收費

祝福開業成功造福社區居民

開業 2

女婿帶著圓圓與 2 歲 10 個月好奇兒子來過節請安

向阿隆報告他開業了

既然已清楚告訴你會遇到哪些狀況

你決定去親自體驗

我祝福你最後能成功

記住

一定會遇到重大挫折
因為你將來很有成就
所以這些挫折你都有能力克服
遇到了別生氣別氣餒
那些挫折是讓你能力精進所提供的磨練
放手一搏
記住視病如親
親切再親切
幫病患解除口齒痛苦
即是行善
財富不請自來無需掛意

謙受益滿招損

王家將都是執行力超強的
小鳳扛起診所盈餘的大任
她不要集團給她調薪
怕影響同事的薪資
阿隆建議她
一本初衷感恩集團給妳施展醫術的好診所
集團的規劃就順其自然
不貪圖名利
實至名歸不必矯枉過正

龍龍也是要感恩吉利集團

讓你有大顯身手的項目

用心把項目做到盡善盡美

生產製造講究精準

成長型的大集團需才孔急

你是人才不必怕不受重用

你們無私服務奉獻

一生問心無愧

聖凡兼修尊師重道

王家將們早安

小鳳做了很好的示範

中秋節前從杭州到廣州探訪指導教授和師母

我們要尊師重道

嘟嘟圓圓別忘了感恩台大美國的指導教授

龍龍剛畢業

也要記得感謝幾位清華大師

寧波杭州的名物是很好的謝師禮

中央研究院物理所的教授們回台灣時要記得感恩高中時收你
們姊弟為徒

人生一路上都受貴人的栽培

順逆都是成全
只有感恩再感恩

在此感謝幾位老友
因為會收到不具名的禮盒
各位志工都有可能
阿隆送大家是感恩大家真誠濟弱扶傾
不要回我禮
我們在人間過人的生活
凡人的七情六欲恩愛情仇都是煎熬
要修一顆清靜無為之心
順其自然
得之我幸不得我命
不佔人便宜不欺侮人
得饒人處且饒人
冤冤相報生生糾結
寬恕別人就是救了自己

有為者亦若是

四個孩子常會跟著阿隆
參加同業、校友、不同屬性團體的聚會
他們習慣了成長過程和老師、教授、政府官員對談

龍龍喜歡產業的研發製造

阿隆特別帶他去拜見製造業的幾位董事長

感受傑出企業家的風範

他領悟到交響樂的指揮

風格都有精妙的特色

他見到前輩眼界大開

阿隆帶他去見蘇慧貞校長

並在校慶運動場感受蘇校長充滿能量的致辭

也看到父親在司令場的短而有力的嘉勉

龍龍好奇蘇校長如何引領成大創出新格局

阿隆告訴他世界排名前矛的最高學府哈佛大學臥虎藏龍

見賢思齊

蘇校長還被推薦進白官見習半年

親身臨場感受世界第一強國的政府運作

有為者亦若是

龍龍碩士畢業後

自己跑到北京清華自動化系機器人實驗室研究兩足機器人

見識大陸各省精英

一起造福世界

志工黃聖光分享了

昨天海山漁港的落日美景

再別康橋

與阿隆此刻心境契應

龍龍回家體重90公斤

昨夜量85公斤

可見工作量之大

該培育的都做了

小鳳在廣州中醫藥大學第一名畢業

完成中醫博士成為主治醫師

學校一位主管級女教授在校方群組讚賞來自台灣的小鳳文化

底蘊深厚

龍龍全方位表現也讓北京清華師生對台灣的教育心生敬意

台灣人才濟濟

可以與世界各地精英一起造福世界

你和姊姊在大陸好好表現

謹言慎行

誠懇待人

濟弱扶傾

開工大吉

小鳳龍龍週六回大陸

週日就開工上班了

傳授心法給龍龍

摒棄雜念成見
讓心澄然明澈
與宇宙總體契應
任何在你眼前的人事物
都呈透明真相
只要有一絲私心出現
透視力即消失

週日開工
龍龍將最新鮮的佳德鳳梨酥
（登機前12小時排隊買到）
分送上司同事一人一塊
他們居然都沒吃過
都被蛋奶油香酥酸甜美味征服
阿隆叮嚀龍龍一定要善待這些夥伴
他們大你10多歲
教新技術提升受公司重用的實力
你不是來取代他們的
他們自然很放心接納你當自己人
真心誠意能感動上天
何況是人
祝開工大吉

祈盼再團聚

清早5點開車去遠處買最好吃的蛋餅和鹹豆漿

40分鐘後回來

兩個孩子早餐吃很開心

吃完就載他們去搭機場捷運

盼小鳳龍龍在大陸專心事業

兩岸的紛爭

政治家都比我們有智慧

不同領域的人才恪盡專業職責

整體社會才能健全發展

無私無我的人明白世局就是這麼回事

送給龍龍生日祝福

1988年10月18日

你來到這世界

偉大的人生理想

是你要走的大道

盡力為世界奉獻

多拔擢賢能之士

使人人和氣守信

尊親長愛護晚輩

至聖先師孔子週遊列國
傳達禮運大同崇高理想
2500年來
大環境具備大同世界的實現可能
你朝這理想去執行
創造的龐大資源
是上天託付你用以完成此生任務

祝寶貝龍生日快樂

我把兒子獻給大家

龍龍是阿一向老天爺求得的
阿隆童年調皮天天被父親拷打
有天向父親抗議我將來不會打我兒子
龍龍出生迄今都沒被我打罵
他從小力大無窮
當受委曲會震怒
我都抱著他輕聲教他
不要生氣這是你這輩子的功課
5歲以後常帶他出席一些場合
讓他見賢思齊
教授、企業家都是嚴以律己奮鬥有成的典範

他成長遇到的挫折

從旁靜觀他如何重新站起

再與他分享我自己的經驗

他喜歡彈鋼琴、打排球、籃球

當校隊隊長

靜得下心做研究探索知識學問

十多年來無名氏分享園區的公益活動他都當我助手

繁榮社會企業公司創立

交由他來申請辦理公司登記

龍門基金等他事業有成自己拿錢來為上天服務人間受苦受難
的人

他靠自己的毅力訓練好自己

準備大展鴻圖

他的人生伴侶將是成敗的關鍵

如果沒有悲天憫人的胸懷

將來一定捨不得夫婿拿財富做濟弱扶傾的志業

很多人希望和阿隆當親家

這方面已告訴龍龍

他謝謝大家的疼惜

一定和大家像家人一起行善天下

都是命運安排

龍龍念再興幼稚園小中大班三年

念小學再興沒抽上

靜心也沒抽中

三個姊姊都念私立小學

於是龍龍就讀興隆國小

公立小學日子過得很快樂

四年級開學前圓圓回家說教務主任問她是不是有個弟弟

學校正好有一個學生移民

問要不要轉學到再興

阿一聽到難得的好消息

龍龍立馬成為再興小學新生

一個星期後

他的皮鞋跟用白漆塗了愛迪達標誌

我還以為愛迪達開始生產皮鞋

他說再興同學的鞋子都有這種商標

我自己畫一個

阿隆告訴龍龍

將來你設計製造自己的產品

就可以用你自己的商標

爸爸幫你買一雙新球鞋

正好氣墊鞋發明人黃英俊博士

從NiKE收到上億專利費

送王家六人每人一雙NiKE球鞋
龍龍開心一路念到初中三年級
當籃球校隊隊長
也為學校奪過多次物理科展競賽第一名

我教龍龍是這麼教的

求學不能用熬夜換好成績
用腦力靠體力
體力靠優質的生活習慣重視飲食運動睡眠
胸懷天下學以致用
做人寬厚
做事精明
利人利己
有福同享

龍龍是吉利集團總經理親自到北京清華面試聘用的企業博士
後
因為各大企業都直接到名校搶人
各城市也積極吸引精英發展
吉利推薦龍龍做寧波市的形象代表
才知道連城市之間都如此競爭

行行出狀元

做其所喜歡的事再苦也甘願

龍龍從上幼稚園小橘班第一天

阿隆就鼓勵他好好玩出興趣

帶著他和圓圓參加電腦界的聚會

見慣了形形色色的企業家

自己以後要走什麼方向就有個底

藉由參加科展比賽認識許多教授

知道有學問的人是令人尊敬的

龍龍大學畢業

問我就業好還是考研究所好

阿隆說都好

行行出狀元

做你喜歡的事全力以赴一定有成

你是拿書卷獎第一名畢業

如果有機會深造不必急著賺錢

你的同學直接就業十年後可能是經理主管職

你念到博士憑專業有機會直接進入企業核心

與經營層高階主管互動

老爸看過數以千計的企業

你參考自己做決定

昨天龍龍在社區1樓收到吉利的月餅
同樣的包裹約有250件
他才明白這裡住這麼多吉利同事
別緻車輪包裝設計可感受這家企業有自己獨特的品味
令人驚豔

如沐春風

這兩年當客卿
授課傾囊相授
為企業儲備研發領導人才
坦誠展現成人之美功成弗居
這樣可交到企業界的好朋友
2年後回北京清華交流也可回台到大學短期教學
栽培年輕學子
你教的學生都有成就
你讓他們懷念上你的課
如沐春風
阿公是台灣第一屆師鐸獎得主
孫子龍龍不會辜負阿公的期望

有為者亦若是

阿隆見過數以千計的工廠

知道各種企業是如何製造產品的

38歲才得到兒子龍龍出生

小他大姊小鳳9歲

身邊許多成功的老友

聚會時

龍龍就跟著老爸和叔叔伯伯阿姨打招呼

學生時期會安排他見識各大企業生產基地

謝謝許多人歡迎並親自介紹

開了眼界也明白人可以做出這麼大的成就

參觀工研院、聯電、技嘉、復盛、盟立、億光……

他在大陸也看了好多家大企業

吉利集團供應鏈各企業

優必勝機器人研發中心

在人間每個人都有自己的使命

祝福龍龍成功達成任務

濟弱扶傾 世界大同

阿隆企家班同學張瑞明是台灣數千家廠商的企業顧問

閱人無數

悟出下列心得

足見英雄所見略同

張瑞明說：

　　如果把時間軸拉長到前世今生，今生所碰到的人，都有前世的因緣，甚至累世的因緣。我們在當下並不知道這個緣分，總以為周遭的人事物都是偶然，其實都是必然。

　　我們生下來的時候，人生的劇本已經寫好，我們只是照劇本演出，我們或許可以豐富人生劇本的細節，但是並沒有改變劇本的結構。

　　善待周遭的人，因為下輩子還會再相逢。

因勢利導

好友們擔心龍龍承受太大的壓力
大家都有子女早已栽培獨當一面
龍龍年紀算最小的
他從小不知緊張為何物
喜歡觀察人們的表現
見賢思齊
本來碩士畢業想就業
阿隆分析給他做參考
除非你念不下書
你投資自己5年
掌握最新的科技
追趕那些最頂尖的學霸成就

畢業後極有機會在企業核心部門歷練並受重用

自己想清楚自行決定未來

老爸尊重你的選擇

龍龍把自己規劃很好

有好多貴人出現引導他

一股力量帶著他海內外開濶眼界

我很好奇他每一階段的閱歷

這個兒子應能為人間做很多好事

職場試練才開始

龍龍不虛度光陰

不得罪人

不被激怒

職場以實力以德行服人

善人愈多公司愈旺

反之每況愈下

盡心盡力完成公司交付的任務

你簽的2年合同

時間到了

去留自己做主

一念一事一考驗
善念好事多磨
惡念惹事問題層出不窮如下

是非題
選擇題
多選題
問答題
證明題
實驗題
答非所問題

想通了是不是很有趣
記住善待每個人不記仇

龍龍受邀演講

北京清華大學邀請龍龍到北京演講
問老爸要注意哪些事項
阿隆表示無欲則剛
我們對政治沒興趣
受邀對500名兩岸青年學子演講
言之有物不逢迎媚俗

鼓勵後起之秀惜福學以致用造福世界

電視台將做人物專訪

對答不卑不亢

自然受人敬重

龍龍收到邀請函才知是

兩岸青年峰會

冥冥之中

有天意運作

我告訴龍龍

不妄想藉此攀附

濟弱扶傾才是本份

三七十行大道

龍龍問他的時間配置

三年是精通一行的時間

七年是練兵佈陣的時間

十年是激發綜效不斷創新不斷複製成功的時間

二十年的青春換取一生的成就

其餘時間遊山玩水隨手佈施

不求回報快樂行善

猜不透但感受得到

昨夜龍龍視訊
說下週六到北京
他要宴請教授們與機器人實驗室師弟們
分享與產業界頂尖企業研發團隊交流心得
他進入職場才一年多
產業供應鏈各企業的研發主管都希望龍龍推薦可聯盟的對象
大陸會訂出中長期優先開發的大項目
撥出龐大的補助款幾億幾十億不等
由領頭者去找各大學和企業分包子項目共同申請
阿隆提醒義務引薦讓各方找到好的合作夥伴
除非你自行創業
否則不收任何酬佣
上天的用意我們猜不透
但這一切舖陳已可感受
天將降大任於你
要感恩要謙恭要大器

30多年前

30年算一代
龍龍1988年10月18日出生

這年12月中旬我當團長率團考察大陸投資環境

當年看到各單位的人員多已當到首長退休

有些人還會問王博士當年他接待過台灣來的王興隆團長

龍龍認不認識

龍龍看他真誠敬佩老爸

就開心說他是我父親

龍龍在他的記事記下〔老爸的足跡〕：

　　從到北京剛入學時，就注意到了學校第六教學大樓裡，放著一小部分退役的正負電子對撞機展示品，不久前才知道原來跟老爸當年所考察到的，就是同一部的對撞機。

　　1988年12月老爸以臺灣電腦科技考察團長的身份，第一個組團33人到大陸考察55個高科技機構，北京正負電子對撞機還特地在12月15日停機一天開放參觀。並且到過北京、西安、洛陽、南京、杭州，由各地領導接待。1990年再度帶團66人到上海、北京、深圳召開電腦論壇人數上千。1992年三度帶團128人到北京、上海，當年老爸創辦了上海電子一條街，並和汪道涵先生一起興建動土。

　　那時老爸在北京向機電部長曾培炎提到在臺北創設南港軟體園區，建議北京上海西安深圳也應該要設立軟體園區。因此北京要提供北大北邊的上地，讓老爸他們開發科技園區，上海則是同意將整條街打掉蓋電子一條街。臺灣住慣的人受不了北京天寒地凍的氣候，大家告訴老爸選上海。因此

向上海市政府租三年，三年內幫助所有人在上海、蘇州、吳江、崑山批土地蓋廠房。

　　當時上海電子一條街突破了許多大陸慣例，開幕時非常熱鬧，大陸北京好多單位主管南下參加盛會，上海市政府鼎力相助給予許多政策方便，三年到期後完成階段性任務整條街又打掉重建大廈。後來上海軟體園區則是在張江高新科技園區東側興建。

　　老爸當時所留下的各種人事物的足跡，如今換我逐漸接觸到，有種直覺告訴我，以後我將會接續著老爸的足跡，將當時未完成的一些事情接力完成，甚至有機會更上一層樓。

龍龍辦公室的吉祥夥伴

這個兒子從出生到現在
我不曾打他處罰他
完全以愛的教育鼓勵他
他當企業家最快也要十年後吧

好友知道他研發機器人需要雄厚財力支持
好意推薦殷實富貴女方
龍龍懇辭
他要白手起家
最大汽車集團副總裁力邀他去教授研發團隊工程師各種先進

演算法
這是很好的開始
全憑他自己的本事
祝福他到時候
在辦公室聞到牛樟木雕的香氣
就是老爸給他的深深祝福

龍龍新居賀禮

香氣芬芳芸倫
牛樟木
此為大陸原木
雕刻師匠心獨創
龍爪
掌太極
握福祿
飛天財神乾坤袋
龍頭祥瑞
龍身圓融
神龍擺尾
龍威大展
啟倫吾兒
放眼天下
造福世界

用錢之道

你奮鬥有成時

財富不請自來

將財富分三等份

一份家用

一份投資

一份奉獻

家用安頓家人身心靈

投資讓錢去賺錢

奉獻是行善幫助困苦弱勢

人吃喝花不了多少錢

賭博絕對傾家蕩產

那些不勞而獲的好康讓給別人

自己安份守己勤勞付出

有錢真好

人生的理想可以實現

有錢不好好用

上天會收回去

借3天的聘金

龍龍

你是有計劃依你的資質

進行栽培的經世濟民人才

將在歷史上有你的貢獻

你該做決定娶什麼對象

成家立業

老爸當年和你媽訂婚

向復盛公司李後藤董事長借20萬元現金三天

充當訂婚聘禮之一

訂婚隔天就還李董事長

說也有趣

成大女生認識的不少

連手都沒牽過（舞會除外）

就是娶了你媽媽

她心甘情願協助我一起創業

生了你和三個姊姊

你是她堅持要生的

她無怨無悔

照顧教育培養你們成鳳成龍

你將會娶到相夫教子的好妻子

老爸祝福你今年遇到理想的終身伴侶

娶你所愛

今天有長輩告訴你
你的理想對象還沒出現
就業頭兩年很重要
貴人會出現
目前的只能當朋友
不會孝順你父母的
月老會安排好姻

其實我們兩老只要你自己有幸福美滿的家
孝順父母是倫常
百善孝為先

價值觀要相近

常人很難理解為何要將自己辛苦而來的財富分享給其他人
龍龍將來要把賺到一半財富濟弱扶傾時
妻子屆時抗議就不妙了
因此價值觀不一樣的是不可能嫁給龍龍
因為龍龍志在四海
夫妻都要外語流俐當主人接待各地企業家
不喜歡出席這類場合

不適合做夫妻

事先講明再交往雙方家長比較放心

台北宴會場地要提前一年才能訂到交通便利之處

龍龍是親自申辦繁榮社會企業的創立流程

141位股東500多位常出席志工活動的好友

請空出明年10月18日的中午時間來喝喜酒

新娘子還沒出現

阿隆提早做準備

大家熱心作媒

小康家庭的女兒比較門當戶對

財富將來就會有不必擔心

5.31

第一次看到預定婚禮但還沒有對象！只有學長能幫龍龍這樣的安排！期待這個婚宴！

輪廻

龍龍在再興幼稚園

在再興小學畢業典禮

在北京清華

小外孫軒融要上靜心幼稚園

展開學程

龍龍將來在兒子的小學畢業典禮
和自己的對照一下
應當是企業的執行長
人生代代螺旋式輪迴
基因重組後有相似有獨特
希望那股濟弱扶傾的愛心萬世留芳

就是這張

龍龍記得定格這張
8年前在涵碧樓前的留影
如果景物猶在
你有去日月潭也拍一張
讓你兒女瞧瞧父親和爺爺
龍龍
老爸從沒打罵過你
你也不准打罵我的孫子
小時候人都調皮叛逆
這人格發展階段
鼓勵取代責備
過了這階段就走向自己的人生目標
祝福寶貝龍！

跟往事乾杯

握過手的總統有
蔣經國先生
李登輝先生
陳水扁先生
馬英九先生
副總統有
連戰先生
呂秀蓮女士
蕭萬長先生
吳敦義先生

其他院長部長縣市首長企業家
大陸也不少政要

這些都是人中之龍鳳
耀眼的人生成就功在社稷
交棒退隱時回首往事
歷歷在目
姜育恆唱出每人的心聲
跟往事告別
龍龍
盡情揮灑無愧一生

望山觀止

阿隆是成大奪過大專運動會標槍金牌的運動健將
阿一是成大少數體育課被當的女生
結婚後都同化成一動不如一靜
看到蟲蟲隊長登山影片
高山攬勝美景當前
心生佩服
肉身靜坐神遊太虛
真暢爽
動有動的好
靜有靜的妙
無怨無悔

少年夫妻老來伴

6月21日上午7點多開車去中科院
中午去台中晚上住嘟嘟家
6月22日上午7點去護理之家
和三弟一起載母親回台南家
祭拜祖先慶祝93歲生日
然後送回台中再開車回台北
阿一不放心阿隆一個人開車

決定陪阿隆到中科院再去台中

小鳳嘟嘟圓圓龍龍

是阿隆阿一合作留給人間的子女

做人的任務完成

現在兩老雖善良

天天還是有不一致的生活觀

我們的身體都退化很多

偶爾激怒阿隆鍛練心跳

這幾十年還算和平相伴

廚藝小有進度

感恩老伴的犧牲奉獻

遊子吟

燈光乍亮

心想是孩子起床

我跟著醒來

結果是阿一半夜

到小鳳龍龍身邊蓋好被子

彷彿時光倒流30年

三年沒見小鳳

當時她申請志願去武漢支援

杭州缺中醫沒放人

那陣子阿一百感交集
龍龍這幾個月的職場歷練
神態已無稚氣
談吐穩健有自信
不再是學生模樣
燈又暗了
阿隆趕緊記下此刻
不禁哼唱孟郊的《遊子吟》

　　慈母手中線，
　　遊子身上衣。
　　臨行密密縫，
　　意恐遲遲歸。
　　誰言寸草心，
　　報得三春暉。

母娘生日快樂

明天是阿一生日
小鳳嘟嘟圓圓龍龍今天都來電預祝
媽媽生日快樂
阿一為了生一個兒子
連生三女

最後才如願以償

本來國喬電腦是她和我一起創辦的

阿隆告訴她公司有很多人在幫我

家裡四個孩子的教養只有她能幫我

因此她無怨無悔陪伴四個孩子長大成人

她感謝我從沒讓她缺錢用

我在家放四個杯子

隨時有鈔票給孩子自己取用

她看我賣房子去助人也不阻止

我們走上修行之路

與人為善隨遇而安

少年夫妻老來伴

我要她活久一點

可以跟孫子們講阿公的趣事

阿一生日快樂

CHAPTER

3

R a c e   P r o s p e r i t y

創新與複製

世界科技重鎮各大企業總部雄偉氣派
台灣看竹科內科就知一二
創新研發部份不斷整合新技術開發應用產品
建構最有效率的產業鏈
市場時機成熟大舉上市
反應熱烈迅速擴張生產線不斷複製
在競爭者尚在研究如何仿製
就已推出第二代第三代產品
拉大與其他競爭者的領先差距
台灣企業已從純代工賺工錢進步到自主技術提供一條龍服務
世界各大品牌
有朝一日誕生世界品牌百年歷史企業
我是看不到
但相信有人能辦到
祝福台灣出現偉大的企業

天生我材必有用

李白的名句適用在每個人身上
這個世界大多數的人
為生活而奔忙

競逐名利而勞頓
教育有教無類
全民教育
讓每個人在各個成長階段
因材施教
培養出有特色的才能
教育經費不但不能省
更要大幅增加
台灣要教育出數百萬未來世界的棟樑之才

神奇寶盒

13年前
阿隆受邀到高雄鹽埕國小演講
林貴芬校長安排剛從幼稚園升上一年級的小朋友手牽手進到
大禮堂
那可愛的場景令人動容
我送全校同學每人一個神奇寶盒
可以當存錢筒玩具收納筒許願盒
當年的小朋友現在都是20多歲的有為青年了
不知他們今日打開神奇寶盒
當年的許願圖文實現了多少

阿隆請所有同學閉上眼睛

阿隆爺爺告訴你們每個人都有一台電視機

現在出現在你眼前

看到的請舉手　每個人閉目舉手

電視出現綠草地

看到的舉手　有幾個說黑的看不到

別急讓阿隆爺爺幫你插上電

說看到了　現在出現一棵大樹

看到的舉手　全部都舉手

藍色的天空飄來一朵白雲

每個人都舉手

草地上一匹馬跑過來

大家都高興舉手

老師們都很驚訝

阿隆請大家睜開眼睛

拿著透明提筒

告訴他們

你的夢想會出現在你的電視機

把它畫出來放進這個神奇寶盒

將來時機成熟就會實現

一個多小時滿堂歡樂中結束

這是知行運作的時空場域

實現夢想第一步

請拿一張大白紙

一盒粉蠟筆

放在桌上

閉目瞑想

你夢想的願景出現

愈清晰愈好

將你的夢想定格

呈現在你腦中的屏幕上

然後用彩筆生動描繪那景象

再用文字仔細描述整個畫面

你想像不出的畫不出的寫不出的

代表沒存在

如果它清楚呈現你腦中而且畫得出寫得好

代表它已存在另一時空

你已探測到

只要你順勢而為不要虛耗精神資源走偏

通常機緣成熟就水到渠成

祝福各位同學

你精彩人生已在等著你實踐

資優生

有志工的孩子被甄選為資優生
問資優生以後
阿隆家有現成的範例
龍龍小二被甄選資優生
同年級有6個班
有的班只有一人
智商多在130以上
有老師會來為這幾位資優生指導數理方面的知識
這是國家儲備特殊人才的教育管道
小學中學以後就和所有人融合進到各大學再進入百工百業
資優生不見得能成大企業家
不見得能發大財
但一定是可用之才
國與國的競爭是多元的
勝出的往往是擁有關鍵人才、技術
從栽培資優生的成效
擴大提供全面啟發性的教育環境
我們人才濟濟
國力將更壯大

一樣是小六生

十年前我帶龍龍去復盛公司三重工廠參觀

李亮箴董事長問龍龍有沒有被你爸爸洗過澡

龍龍說沒有

李董事長很開心告訴龍龍說

我被你爸爸洗過澡

龍龍回家很好奇問我這事

原委如下

民國 66 年我到復盛公司報到

向李後藤董事長請願在工廠實習一年到各部門歷練

第一站在鑄造廠兩個月

近千度高爐附近澆灌鐵水到砂模

也在旁做砂心

看到一位個子高高的小朋友居然跟我一起實習

心中很佩服也有點感慨他一定家境困難才來這麼辛苦的地方
賺錢

下班之前大家全身像煤礦礦工全身都是粉塵

必須洗澡弄乾淨才能回家

阿隆就特別幫這少年仔擦背後洗不到的部位

有天下班我們兩人在工廠門口等公車

李董事長開車搖下車窗跟我們招手

沒想到少年仔跑過去

他說我爸爸要順便載我回家

哇！李董事長竟然這樣鍛練剛小學畢業的兒子

最後我告訴龍龍這位被我洗過澡的少年仔就是李亮箴董事長

很有意義我樂意

正努力為高等工業職校佈大格局的廖德祿主任

邀阿隆專程為成大附工 50 多位老師同仁演講

阿隆欣然接受

高職生有多數人像阿隆不擅長考試

但其他綜合能力一點也不輸會讀書會考試

從我這一生所做的大大小小事情成績可以證明做的能力絲毫
不遜色

高職不要以考試做教育重點

創意及實作並重

將者，智、信、仁、勇、嚴也

中小企業主大多是行動力執行力很強的人

職校生很適合培養成將才

阿隆樂意分享個人的心得

高職生

跟一般校園的青少年一樣
校外居心不良的幫派藥頭
以吸毒誘惑他們
被騙去吸食毒品後就成為社會的禍源
自己毀了父母家人被連累
所以學校要和治安單位密切合作拒絕毒品打擊毒販
阿隆受邀到幾縣市地檢署為數以千計的緩刑微罪者上法治教
育課
檢察長都感慨監獄的毒犯人滿為患
高職生更容易面臨危害
這是很嚴肅的校園安保課題

憶金城寄語廖德祿大師

當年台南市立初中是聯考第一志願的學校
但有人以金城初中為第一志願考入就學
是被創校的王瑞東校長所吸引
王校長原是南一中數學王牌老師
他創立台南市金城初中第二年榮獲全省初中數學競試
團體組第二名
個人組第一名第三名

阿隆1963年以第一志願第四名考入
老師都剛從師大畢業
充滿春風化雨的教學熱忱
嚴格但又活潑風趣
我們獲益良多
12歲到18歲是教育扎根最關鍵階段
從成大甄選國英數理化高才生有教育熱誠者
在暑假為高一新生
好好把國中學科知識復習
以整齊的素質
接受未來三年的工業教育
人的聰明才智都很接近
得遇明師啟迪方才鴻圖大展
今後這裡就成為工程人才中小企業老闆先修學府

數學是科學之母

成大附屬南工從今年8月1日成為成大家族
南工要有新的特色
那就是新生的數學底子打掉重練
讓每位同學擁有整齊的數學素養
好好理解學習理工學科
數學很強的口碑

將使成大南工變成

培育工業人才的名校

龍門基金拋磚引玉

捐贈十萬元

請廖德祿校長全權運用

武功秘笈1

為解決工程技術問題

必須借助大量的工程數學演算

最新的科技產品設計製造

都要用到

龍龍看到家中兩大冊工程數學內容精彩如獲至寶

這是阿隆和阿一在成大工程科學系讀的教科書

我們無比崇敬的朱越生教授大作

奠定我們解決工程技術問題的雄厚實力

第二代不接手的企業

和有事業的老朋友交換資訊

愈來愈多老企業被迫關閉

只因第二代不想接手

技職學校的學生可以先去實習
幾年後接手經營
同時解決兩個社會問題
世代交替很重要
運作已久的企業有其充沛的人脈通路
就此消失實在可惜

學校考不出的成績

有人求學過程並不是一帆風順
考試考到失去自信
考試只是幫助老師瞭解學生讀書懂多少
在短時間內很不容易去定出別人的能力高下
超商教父徐重仁先生
傳統的學校考試考不出他的才華
他進入社會如魚得水
遇到的各種考驗
有許多人可請教
有許多資訊可參考
有足夠的時間把每件事情都做得很好

同學們考試不能翻書不能問別人
可是人生遇到問題是可以向別人請益的

你面對問題不必害怕

不要喪氣

想盡辦法還解決不了

迂迴方式繞過它

沒必要硬闖受到傷害

在校考試一帆風順的同學

要有心理準備

進入社會面對的考試不是單純的測驗

不易如在校一樣高分過關

重考

去年寫給一位朋友重考大學的兒子的建言

今天恭喜他考上台大機械系

你只要將高中的課本用心讀到心坎裡

任何考題

都可以正確解答

讀懂是通關密碼

徹悟一年

好過混一生

未來念下去還有 4 年或 6 年甚至 10 年

把基礎打穩

才能承載所有智識

融會貫通創新發揮

展現與眾不同的成就

實現夢想

最後切記

有成就要有胸襟與人分享

甚至主動關懷世人有何需求

欲窮千里目

4 個孩子跟我一樣經過十多年的學校課業考試的經驗

這種經驗不是稱心愉快的

在適當階段會告訴他們

讀書除了讀懂之外

把自己提昇為出題老師

如果你來出題你會出什麼題目才能測試出學生的實力

心境一提升

讀起書來就不是怨聲四起的被烤羔羊

最近志工的孩子多人在準備指考

不妨參考

我們在人生不同的階段

自己都提昇一級

從經營者思維做當做的事

自然脫穎而出
詩人王之渙《登鸛雀樓》
白日依山盡
黃河入海流
欲窮千里目
更上一層樓

不相信也得信

有人不相信阿隆是大學班上最後一名畢業
同學們很用功成績都比我好
大家都有自己的一片天
我不蹺課的
只是知道每學科在講什麼原理
志向確定不從事研發
就用多出來的時間去看行銷財務管理方面書籍和許多雜書
擴大視野與膽識

在保守的年代
除了舞會沒牽過女生的手
大學四年沒交女朋友
倒是常幫同學送情書促成良緣

志工謝馨瑩的回應

其實我一開始也不敢置信興隆學長是大學班上最後一名畢業

但看到學長說：
「我不蹺課的
只是知道每學科在講什麼原理
志向確定不從事研發
就用多出來的時間去看行銷財務管理方面書籍和許多雜書
擴大視野與膽識」

學長完美詮釋當了解自己時
便能活出自己的熱忱所在與天賦
結合優勢做出市場區隔
工科畢業不走研發
勇敢為自己出征！

閱讀的重要性

喜歡閱讀的人
在接受作者傳遞的訊息
會啟動自己的記憶並予微調

訊息量隨著閱讀各種書報雜誌增多

會重組建構更綿密的聯結網絡

有助於面對問題以綜合能力去處理

阿一向來關心教育

怕我誤導學生不必注重課業

我很喜歡閱讀只是不擅長考試

她坐我附近傳給我這叮嚀

興隆：

其實你大學聯考物理成績優秀，

大學裡微積分和作業研究成績也很好，

不只是作業研究，管理學院的課程平均成績都傑出，

你只是沒有想到要念研究所，

但是，杜蘭研究所功課很好啊！

你得說明清楚，

因為好好念書，能夠增強跨領域的統合能力，

這也是你能創業能帶領團隊的能力

阿一

數據為王

志工出了一本暢銷書《數據為王》
阿隆在公館金石堂買了在現場點了杯咖啡品閱精闢內容
決定買 20 本送成大工科系閱覽室供同學充實才能
2 年前阿隆提供 20 萬元給系會
讓同學去買各種有益的課外讀書
放在閱覽室推薦給彼此分享
研究考古題幫助自己預作練習
研讀各界達人的思維佈局也是為未來預作應變
好好準備
因為別人是不會幫你代考的
加油！
成功是留給有踏實準備的人

溝通能力

才高八斗若不懂溝通
會將自侷限在自己的小天地
人各有志不必勉強
如果志在四方能與人溝通
善緣紛至人緣好
事業發展無往不利

大學是基本學識扎根階段

屬於基礎能力愈早奠基

提早在校園練習運用

談判大師 20 本已寄到工科系

希望學弟學妹們分享

知道各種談判要領

創造自己風格的溝通模式

讓大家與你互動感受你的真誠而不是在用心計

祝大家閱讀愉快

我教龍龍是這麼教的

求學不能用熬夜換好成績

用腦力靠體力

體力靠優質的生活習慣重視飲食運動睡眠

胸懷天下學以致用

做人寬厚

做事精明

利人利己

有福同享

龍龍是吉利集團總經理親自到北京清華面試聘用的

企業博士後
因為各大企業都直接到名校搶人
各城市也積極吸引精英發展
吉利推薦龍龍做寧波市的形象代表
才知道連城市之間都如此競爭

武功秘笈2

龍龍寫了十多本數理科目的學習要領深入淺出
他說這是現代武林秘笈
等他日後在企業工作有成就
證明這些真有用再公開
我告訴寶貝龍
老爸知道你一定會成功的
不論是中文或英文
印成講義或課本
幫助更多年輕人有機會分享
一個人的成就再大也是有限
眾人的成就才能造福世界

智能製造智庫總工程師

龍龍以智庫方式將他看過的上千本科技論文教科書筆記
分門別類以三至五階層
可以快速調閱
他可以指導各部門提升到真正智能製造
他用手機平板和電腦
向我演示存到雲端的龍庫架構內容
父子交換心得聊得很開心

進倉

龍龍說他這兩天得在屋子裡大量吸收技術文件內涵
阿隆告訴他有別在校做研究
建議他要同時啟用視覺、聽覺、觸覺、讀誦
開放進倉碼頭
分門別類歸位以後取用存回加工半成品新儲區
一個吸收到腦袋的東西
無論具體的或抽象的
都不是很單一的屬性
每件同時有不同的特性標記
資訊重整高速串聚
必有出類拔粹的新成果

龍門秘笈

書名《龍門秘笈》
副標：24年磨一劍

收錄龍龍作品
興隆國小一年級畫的淘氣阿隆封面
再興小學五年級台北市小學科展物理組第一名
台灣中小學科展物理組第三名
再興中學科幻小說比賽第一名
新竹清華大學動力機械研究所碩士論文
北京清華大學自動化系導航控制研究所
機器人實驗室博士論文
十多份數理科目筆記

龍龍有空將手稿和數位檔案寄給老爸
幫你出書
將來你可用來教工程師時當講義

組合拳

龍龍要當許多在職工程師的技術講座
阿隆建議他把十多年精心製作的各學科武功秘笈

針對待解決的工程技術問題
以組合拳方式找出有效的武功秘笈招式綜合成解方

阿隆幫龍龍取名倫子工程門派
幾年內師徒們造福人間

天生我材必有所用

經常有人問不懂艱深的數理科技要如何是好
我們要感佩引領科技發展的專業人才開創新時代
只要產生興趣努力學習成就不會比人差
大學的任何科系畢業生經過跨領域進修
我看過學歷史、中文、外文的
後來成為外商電腦公司的負責人
學會計、管理的人當半導體公司董事長
沒興趣不下功夫任何事也做不好
美國很成功的企業造福這世界
有人用通俗的話語讓大家感受新知識的應用
許多周邊的商機將來都是大家可以分享的
做好準備迎接它的到來

文以載道

人類文明發展

自從發明文字傳遞訊息記錄人的思想保存智慧運行成就始末

不到一萬年就有如此輝煌的世界

加上承載工具從羊皮、貝葉、竹簡、紙、書、報章雜誌、影音、電腦、手機演進

未來的世界會更加速演化

前天昨天陸續送出張瑞雄校長的文選集

預計在年底前會送出一萬本

其中有八千本會送給各大學莘莘學子

領到書的人看到這麼多人助印一萬本都起敬意

再看到張瑞雄校長從小苦學

獨自到台北考上建國中學

陽春麵度日

沒錢補習

仍名列前矛考上第一志願台大電機

在中鋼、清華大學、中山科學院、台灣科大、東華大學、台灣觀光學院、台北商業大學

他的成長過程遇到好老師指導

他博覽群籍涉略科技、人文、教育、社會關懷

因為熱愛這個世界

他將自己一生所學所能

化為一篇一篇的文章

與大家交流共勉

每篇文章充滿能量

告訴大家有哪些可以做得更好

問題剛出現或即將出現

該怎麼化解或防微杜漸

整本書有 206 篇

記載經世濟民的用心

文以載道

用在這本 21 世紀的張子論語

真是貼切

培養台灣高階機電整合人才

——摘自：台北科技大學機電學院五系所碩士班聯合演講

　　成功大學55年前叫台南工學院，顧名思義就是培育工程人才的搖籃，工程科學系的誕生很有意思，台灣到現在就只有這麼一個系。當年蘇聯居然領先美國發射第一顆人造衛星上太空，美國舉國震驚發憤圖強想追趕，檢討落敗原因歸咎各大學的工程科系都很專精各自領域，沒有人才能整合所有工程資源，於是在美國境內各大學廣設工程科學系，授課的課程以工程數學為主軸，貫穿機械、電機、化工、材料、力學、結構、電腦、資訊、管理等各學科的知識整合。台灣當

年也想發展人造衛星與飛彈，所以從成大機械系調派工程數學泰斗朱越生教授創立工程科學系，好幾位留美返國的機械博士任教，後來當系主任、校長，再聘任電機、材料、電腦的留學歸國教授。

機械系是工程製造之重鎮，是所有工業的基石，各位只要用心學懂機械系的課程，加上自己的志趣去修一些相關的專業知識，幾乎能從事各種領域的研發製造，出路十分廣闊。機電學院五個系所，就是培育既懂專業又有整合能力的高階工程主管，車輛工程系則是機械應用最具體的領域，阿隆認為不只是交通工具，舉凡運輸、輸送、傳動都是車輛工程系的管轄範疇，所有工廠的自動化生產設備、所有新穎的零汙染零排放載具也都是各位同學將來大展鴻圖的目標。

各位同學在學校就讀，每個人的資質與努力都不同，但讀書的心態很重要，如果不在乎學校課業，你必須問自己為何要來學校，大可直接去就業或創業，走一條不平凡的奮鬥歷程，人生有許多選擇，照自己最感興趣的去做，為自己的決定完全負責。既然上了大學或研究所，就好好搞懂所有功課，有不懂的不要裝懂，找同學請教，甚至找出高中課本，從基礎下手非弄清楚不可。

工程數學是每項工程計算的工具，必要時把微積分重新讀過一遍，再把工程數學每一個運算符號與公式徹底運用自如，各種解決工程題目的運算過程都能精通，加上掌握電腦的龐大的運算功能，你將有若神助。學習進度落後的人，不必害怕，阿隆建議老師們能安排助教或挑選功課優秀的同

學，開補救班指導沒學懂的同學，保證每位學生都有相同程度的學養。這樣不但有教學相長的效益，同時增進同學間的好默契，將來在職場上有機會組成強而有力的創業團隊。

畢業後的出路

阿隆畢業後每一二年就會回工科系
與學弟妹分享所見所聞及體悟
因為知道在工科系學到什麼
所以演講時大家很受用
通常一個班 50 人畢業

10 年後當老闆的約 10 人
教授約 10 人專業經理人 20 人其他際遇 10 人
專心課業者通常沒時間參加各項社團活動後來成為研究學者
或高級工程師
成績中等活動力強的通常能在職場逐步升遷到管理階層
當老闆的人大都有個人理想
樂於接受考驗愈挫愈勇的特質
常被嚴酷的競爭環境磨練出驚人的潛能

天生我材

在全校性或跨校的演講中
常有非理工的同學憂心出路
阿隆都會告訴大家
每個人的未來發展有無限的可能
我們所接受的教育多著重學生獨善其身
要求品學兼優
我們若能擴大到胸懷大志兼善天下
出路必然前途燦爛
在校有必要從社團活動學習領導與被領導的協同合作精神
為成員服務
結識跨科系不同專業的同儕
畢業後這些社團益友將在日後的職場互相提拔關照
任何系所畢業的人
都有可能當老闆或當高階主管
一家企業所用的團隊人才包容來自不同領域的專家
天生我材必有用

超前佈署

今天到成大出席量子電腦研習會
廖校長知道阿隆是南一中校友很高興表示

他帶了南一中兩位物理老師來上課

將在黃吉川教授指導下

為南一中學生編寫一套量子電腦高中教材

超前佈署培育量子科技新秀

詹婷怡主委說她是報名來當學生學習量子科技新知

我們龍門基金為20位各校同學準備了5000元的紅包

量子祝福無所不在

由執行長逐一交到同學們手上

大家有心栽培量子電腦人才

值得高度肯定

祝研習會圓滿成功

學長：您好

　　龍門基金量子電腦專案提供20位報名成功的研究生報名費各5000元。

　　黃吉川教授很感激您鼓勵年輕學子學習新知的用心。

　　黃教授誠摯地邀請您上課第一天給學習者致詞鼓勵。

德祿

廖德祿與黃吉川兩位教授都當過成大工程科學系主任

2003年黃教授剛接系主任

阿隆是工程科學文教基金會董事長

發現他是才華洋溢的科學人也是關心全民福祉的學者

他的超級電腦技術成就在全球領袖群倫
長期對量子電腦研究
發表多篇獲獎論文

天能給也能收回

今天應邀回母校母系
在工科越生講堂致詞 是很妙的機緣
時代是動盪的 新的潮流一波一波往前推進
恭喜各位
今天搭上時代的最新列車
你們都是新時代的開拓者
雖辛苦但將有豐碩的成果
我在這裡如同半世以來
在許多關鍵時刻的演講結束時
都會說當你成功後
請提撥一成財富去濟弱扶傾
把上天賜予你的資源有效分配給匱乏者
你的成就是上天和眾人的成全
若你以為公司上市、成股王都是自己英明
向上天允諾發財後一定成立基金會做善事全都失信於上天
天能給也能收回
阿隆曾經是摯友的幾位 坐擁億萬家產不信報應 悔恨莫及

最後祝福大家　感謝啟蒙恩師
感恩天意的安排　鵬程萬里造福人間

量子電腦研習班

由量子通用邏輯閘到量子演算法
量子電腦的運算，需要由其專屬的通用邏輯閘之并聯及串聯
所組成。
即其所涉及的量子演算法，則需借助矩陣乘積、直積及直和
之分解，來完成通用。邏輯閘之綜合設計。
本課程之規劃即以Shor演算法為核心，
首先介紹通用邏輯閘，
其次討論，量子FFT及其逆運算。接著引入加法器、減法
器、正負數規範、乘法公式的模運算，由此彙整成通用邏輯
閘的形式，並估算其計算的複雜度。最後以破解RSA密碼為
範例來說明其運算流程。

畢業後第一份工作

我們接受專注密集式的學校教育
充滿紙上談兵的理想
畢業後將立即受到考驗

就業第一份工作中的所見所聞
對我們今後的人生影響十分鉅大

我們這些新手
所接觸的人事物都將融入腦海
所學到的實務豐富所具備的理論
阿隆很幸運
第一份工作裡有很棒的導師級的主管們
讓自己在爾後的各階段不知不覺表現出和
他們類似的思維模式
感謝當時的老長官老同事
三年的復盛公司栽培
受益良多
阿隆創業後
30 年中出去創業的多位同仁
聚會交換經營心得
常覺得怎麼會跟阿隆類似
人生相遇就是一種奇妙的緣份
珍惜好好珍惜

3個30年

阿隆告訴龍龍人生三階段

第一個30年受教育

第二個30年受考驗

第三個30年受恩典

他現在要進入30年的考驗

龍龍見過不少師長企業家

他們證明人的潛力無窮

所有一切事物都人的心念造就的成果

肯定每個人的才華

未來這30年個個成為卓越的代表人物

物以類聚

以身作則呼朋引伴

才能在最後30年

群策群勵造福全世界

畢業祝福

數篇分享自己人生體悟

一來當龍龍畢業祝福

二來讓志工們分享我們的親子互動

阿隆際遇與眾不同

大家的子孫也會在各位的栽培下成龍成鳳

我們祝福下一代比我們更優秀

其他沒寫出來的就留給他們自己去體驗

不浪費時間

生命可貴時間寶貴

交際應酬遠離酒色

和顏悅色面對任何人

尊重人不勉人改變本性

避免糾結在特定情境

做對的事比把事做對更重要

聽其言觀其行擇真誠者交往

自己的專業務必精益求精

得到各種專業人士尊敬

這些專家將成為你的團隊成員

做有特色有創新的產業

永遠超前掌握使用者新需求

自己不斷推陳出新

不怕競爭者模仿

讓人安心

行車最怕有人駕駛行為不在大家的預期

你在職場的表現務必讓同事、上司安心

少製造讓工作夥伴措手不及的麻煩事

不小心犯錯

勇於認錯改正

傑出的領導者

本身多是優秀的被領導者
你的同儕只要走在正軌上
來日都有自己一片天
屆時呼朋引伴做公益
善莫大焉

目光和善誠懇

體型高大容易給人壓迫感
你要保持禮貌微笑
思考時別呈現冷落他人的表情
眼睛要正視看對方鼻尖不要左右飄移
多聽且保持心領神會的微微點頭
讓對方把話完整陳述
不要隨便插話
避免否定他人意見
不輕諾
表示很感謝寶貴意見
回去會斟酌考量
請示上司
千萬別擅自答應彰顯自己有決定權
心情受到波動時更要靜下心
不輕易做出後悔不及的決定

如何主持成功的會議

主持人把會議宗旨與

討論重點會前給足夠的時間

請與會人員準備書面報告

避免會議中偏離主題

英明的主持人肯定每個人精彩的重點

整合成共識

讓大家都感受到意見受到重視

下次會議表現會更好

功成弗居

歸功大家自己絕不居功

化干戈為玉帛

不論同部門或跨部門開會

總有人直接批評你的論點

有理沒理都要虛心聆聽

並感謝指教

表示你會參考改進

若會後確實是自己的問題

誠懇到他們單位當面致歉致謝

職場不需要死不認錯

這會大失人心

沒人願跟你說真話

承認他人比你優秀
你很快就能見賢思齊
以後往來者皆賢達

找出10優點

人皆我師
每人都有優點缺點
別數落他人的弱點
努力找出一個人值得佩服學習的地方
至少10個以上
而且能由衷讚賞
當人被你肯定時
他會接受你當他的朋友
不必交際把酒言歡
就能交友滿天下

震撼教育

各單位迎新方式常讓新人震撼
你是副總裁到北京清華物色
向製造中心總經理直接報告
多聽多看多瞭解新環境
不熟悉是正常的

通常高速成長的企業
不會慢條斯理教導新人
做中學是最快速的適應方式
職場上司很快試出你的抗壓能耐
欣然迎接任務並盡心盡力完成
別誤以為被找麻煩
承認自己還須提昇實務的處理能力
不熟就大方請教懂的老鳥
不要認為有傷自己顏面
不需太久你便能讓你的真才實學發揮出來

產銷人發財

有空逛逛書店
企業經營脫離不了五大範疇
生產製造供應鏈
行銷物流服務網
人力資源精訓
研發設計創新
財務金流
各挑幾本書來看
老爸1977年6月1日到台北
復盛工業公司報到
主動向董事長李後藤爭取

到三重工廠各部門實習七個月
再到台北公司做行銷工程師
新北市所有工廠都是我要拜訪的客戶
見識數以千計的企業家風采
受益良多
大格局的企業家會提供訓練執行長的機會
將各部門主管輪調
換位思考才能有打破本位主義思維

敬重競爭廠商

實力伯仲才能互相競逐市場
我們要有雅量欣賞各家優質產品
在爭取客戶下訂單
誠懇分析自家產品能帶給客戶那些利益
絕口不去批評其他廠商的產品缺失
贏得客戶也得到競爭者的敬意
生意得失都是短暫的事件
日久見人心
行事作風光明磊落
同業將來會擁護你當產業領 為大家服務

誠正不怕監聽

30年前好友送我禮物

他們三人是電信工程系同學

創業上市成功

這禮物功能

可知道電話有無被監聽

電訊都是可被截取的

各國安全部門都有職責控管

不做虧心事不謀逆不犯法

何必擔心被監聽

起心動念光明磊落是明哲保身之道

不要以為只有電訊在空中被攔截

我們意念也會被無形察覺

白天不做虧心事

夜裡不怕鬼敲門

當年在大陸不同的企業

為我配備司機

因為我待之以誠

每人都感謝受我關照

不約而同告訴

我的行蹤記錄非常好

他們都會上繳報告

要我放心沒事

我們處世謹言慎行

就不須提心吊膽

親近你的人

就算負有監視你的任務

你仍要和善以對

他們會敬重你的

政商關係

從政報國為了政治理想為了保衛政權必定排除異己

非我族類必誅

從商圖利避免政商勾結

不要以為選邊站或左右逢源

萬無一失

十年河東十年河西

對立的政黨很容易政權輪替

明哲保身依法經營事業

遵守政府法規行事

致富心安理得

不要涉入政治恩怨

不貪圖政治利益

敬重所有專家

政治家更要待之以誠

我們的存在對政治人物毫無威脅

才能實現我們濟弱扶傾純社會公益的永續志業

原來如此

創業後很用心帶人

開會尊重每人的意見

形成共識

隔天發現有人改變心意

每次都發生令人不解

幾經追問原來是

枕邊人有異見

原來我並不是在帶他一人

公司舉辦休閒活動一定邀請眷屬參加

讓同仁家人認識公司和其他同仁

升遷以枕邊人是友善明理者優先拔擢

公司聘用高階主管宜請候選人另一半一起面試

週報

每個星期五晚上是親子時間

龍龍將本週工作心得與父母分享

公司配發工作防護鞋

最大只到45號

龍龍只好到鞋店買48號

出入工廠要防重物砸腳尖物刺腳

安全鞋有鋼片保護腳

下週有兩天要去總部受訓

車票、機票、住宿、旅費都向企業內部旅行社申辦

流程較複雜但須遵守

阿隆提醒龍龍

管理十萬員工的制度有無更簡易且高效率的辦法

好好觀摩思考改進良策

每天都過得很充實

幾年後就有斐然的成果

這幾年動手動腦

以後當舵手就可放眼天下

精準發號司令帶動各階層創造營運績效

人脈始於記姓名

龍龍每天接觸不同部門主管及各家供應商經理

阿隆提醒要記住每個人的職稱專長姓名

下次見面能叫得出姓名

人對叫得出自己的姓名會有受重視的感覺

10年後20年後他們都會晉升成企業負責人或核心幹部

當你能記住姓名的人數達百人千人而且都變成重要人物

你的人脈將讓你一呼四應
共同造福世界

親子1

視訊中龍龍回想念碩士時常被指導教授要求提升簡報能力
到攻讀博士才突然開竅
能很有條理講出來龍去脈
他探究原因
以前所學都是局部而且不足
後來看多了頂標的期刊論文
修了更廣泛的學科
在腦海裡產生綜效建構自己存取自如的知識庫
再深奧的新科技也都能講出人人聽得懂的意涵
大家自然喜歡請教我的看法和建議
做研究要精也要博

龍龍

吉利是快速成長的製造商
你被委任透過五年研發機器人專業
為企業引進各種最新的機器人設備整合成更高效能的自動化

製造體系

你應多去瞭解各品牌的機器人公司還有那些未上市的新產品

記住不要接受那些公司的招待

你人品端正

只負責鑑定那些公司技術、產品是否值得採用

開出規格

建議總經理交由採購部門去議價

你絕不接受任何好處

光明磊落必能獲得信任

大企業都積極栽培接棒人

能力之外操守更是大企業家的特質

勇於承擔為吉利選才

龍龍昨夜關心9月28日教師節慶祝活動

並報告父母總經理要他組建視覺機器人生產設備項目團隊

人才，協力機器人專業廠商甄選由他負責

這麼大的項目居然降臨到他這新人身上

他說壓力大到想吐

阿隆要他平常心

該來的試煉總是會來

因為是新技術的大整合

人才必須真才

好好為公司培養新秀
對協力廠商要求派真正的研發工程師直接討論技術應用
避免業務人員避重就輕壞事
沒效率無效果的會議不開
大家的報告要言之有物
對人禮貌
對事嚴謹
必得敬重
成功歸大家共享
項目完成
功成身退

我提醒龍龍

才進公司不到三個月
還不熟那麼大企業的內部運作
不要冒然成為新單位的主事者
向公司呈報一年後再考核他有無勝任資格
先當特助為總經理兼顧新秀培育之人才庫

會議要記錄大家要簽字

龍龍要主持會議

最有效果的會議七個人

安排快手做記錄

每人的發言重點摘記

待再議的事項必安排時間

決議用字明確

會議結束前大家簽名

避免會後各說各話

必須當事人親口說才算數

他人代為轉述多有失真或加油添醋之可能

別人講的只能參考不可偏信

杭州灣論劍

龍龍看到前輩們面對供應商滿口科技術語無力招架

報價任人宰割予取予求

對方派出留德留法博士

龍龍一出面

這些留歐的專家被龍龍問到答非所問

報價400萬人民幣的軟件

龍龍要對方至少減200萬人民幣

兩位女博士親自到訪
想看龍龍是何方神聖
阿隆告訴龍龍交由總經理出面談判
他從旁學習

龍龍說上次那群廠商團隊向總經理重新報價
自動降了好幾佰萬元
很開心幫了公司殺價成功
阿隆說讓對方心甘情願降價
有利潤後續才有服務品質
這次做得很好
你認真做事成人之美
有很多做人做事道理要好好領悟

親子2

電動車設計製造變成全球車廠競技場
提高行車安全強化結構簡化製程降低成本是決勝點
一體成型是終極目標
如何在一秒內完成大件壓鑄
涉及溫度壓力熱傳等自動控制具備AI隨時自我調控運算
參考的各級文獻
都是綜合不同學科的知識

阿隆提醒龍龍

所有人造的東西都由數學運算取得最佳模式呈現

在工廠遇到以前沒學過的

你有很紮實的數學基礎

不必像在學校要上一學期才會

只要專心讀完專業的技術論文

一星期就通曉

在現場就可膽大心細去驗證

祝福日有精進

壓力山大

集團新事業電動車公司將在美國上市

龍龍奉命協助提升關鍵部件生產效率

整合熱力、熱傳、應力、流力、材料科學、自動控制、自我
學習演算

設計一套提升良率的軟體

集團的前輩都是很專業的工程師

總經理發現龍龍居然懂那麼多

就指定由他來領軍

阿隆問他頂得起來重責大任嗎？

龍龍說很有挑戰性全力以赴！

教授系統整合的老師

很不簡單

各學門都要精通融合

阿隆的母系成大工程科學系就是在培養工程技術整合的系所

最近向系友募集600萬元

其中有一大部份補助聘用專門教授系統工程整合的老師

運作機制

龍龍今天到餘姚（王陽明出生地）

搭高鐵去紹興與協力廠商討論技術

阿隆告訴他

1977年到1980年

因在空壓機第一大品牌復盛公司就職

銷售工廠自動化的主要動力設備大型空氣壓縮機

幾乎大台北區的工廠都拜訪過

各種行業都有

工廠負責人會讓我參觀生產線估計需要多少新機

每種產品的製程必須瞭解才能精準預估

工廠所用的各種設備品牌規格一併記在筆記上

要開一家工廠

都有具體概念

隨時可在製造產業開疆闢土

龍龍你珍惜吉利歷練環境
看大企業供應鏈各廠商的自動化設備
知道整套運作機制存放心中備用區
時機成熟短時間內就順利完成
知行合一就產生具體可觀成果

碩士論文開題評委

剛視訊龍龍
他週六上午8位下午8位
他和2位外聘評委
面試高等研究院碩士班論文開題
16位都是40歲的主管
2位外聘評委都先提問
最後龍龍總結
發現他們大多是下屬協助
龍龍強烈建議一定要自己下功夫
才能對新科技真正掌握
以後不會被協力廠商呼攏蒙蔽
而且論文發表不違背學術倫理
龍龍對事不對人
大家都能虛心改進

親子3

龍龍問多人評審
取總分最高最公平
阿隆告訴他不可
以前我主持產業界會議
發現主導意識超強的企業家
居然只對他中意的打滿分
對其他人都打零分
後來修改規定
把最高分和最低分不計
避免受制個人喜惡
阿隆和上千位老闆打交道
受益匪淺
每個人都比阿隆聰明多多
感恩他們不嫌棄

應酬

龍龍說他受邀去供應商與公司負責人研發主管交流
他婉拒被招待
只接受在廠內吃工作餐
阿隆肯定他的表現

我講交際應酬的原則給他參考

40多年前創業的電腦公司

都親自接待國外客戶

為促進商業談判成效

白天開會參觀晚上交際應酬

宴席美酒佳餚

5年10年多人身體出了問題

有的就陣亡了

後來改為清晨去旅館載客戶到高爾夫球場用簡餐

打3小時18洞

中午在球場大堂用餐

既健康又達到生意目的

兩全其美

抽菸的人發現球場果嶺草坪夜間噴灑農藥保養

擊球前把香菸放在草地很危險就乾脆戒菸

萬一被帶到酒家或有陪侍酒廊

別驚慌只要禮貌性舉杯即可

服務的人你尊重她們

不肢體碰觸

以後有類似事情再婉謝招待

你看她們像自己姊妹

祝福她們平安健康

交際應酬貴在誠意不佔人便宜

以實力結交到的客戶
生意長長久久

親子4

今夜視訊
龍龍說昨天有個部門開會
他沒被邀請卻分配任務給他
今天他找一起要收集各部門需用到視覺的設備
其中一人一直推脫說這不會那也不會
這些日子彬彬有禮和和氣氣的龍龍去找那人
問他要不然他會什麼
要是有主管職權
這種員工必須懲罰
阿隆告訴龍龍
昨天若受邀與會
說不定你發現任務分配
沒做到適才適所
任務下達必須確認每個人能勝任
不能勝任就不要硬接
每個人都有其長處
都可重用

做自己的主人

龍龍問我

有人對你很友善

但接下來會提出一些事

請你支持他

沒配合的話有些不好意思

阿隆告訴龍龍

做自己的主人

我們待人真誠

但明察秋毫知其用意

不取巧不受誘惑不受制於人

遵守公司規定

秉公無私奉獻不結黨營私

不參加政黨

不選邊站

我們一心一意行大道濟世

不結怨不結仇

尊重每個人

沒人會強你所難

無保留的奉獻

龍龍問如何在幾十萬員工的企業集團立足
毫無保留的奉獻就對了
有實力者不爭而總其成
當工程師的老師
就讓愛徒們比你更強
你帶著成人之美成就許多人
比你獨自飽讀詩書懷才不遇快活多了
你無私的付出是很大的推力
將把你的夢想往前推進實現
偉大的企業是求才若渴
擅長識人用人
傑出的企業家身旁的五虎將個個能力都強過於他
所以別怕愛徒比你強

如何服務而不光想要求

有服務熱誠
一個人就好好服務自己
一群人徵詢每個人的需求
在能力允許下誠懇服務
若有人不滿意虛心反省改善

若滿意我們不求回報

日子久了

大家就相信你是真誠的君子

我平日對待每位都一視同仁

不會你是億萬富豪就刻意巴結

也不會你身陷困境而遠離

幾十年下來

我們愈來愈像

他就是我爸爸

龍龍在北京清華自動化系導航控制所攻讀機器人博士五年

他參加十多位傑出校友的宴會

有位經營智慧城市建造的企業家員工有 9 萬人

龍龍自我介紹來自新竹清大動力機械所

他說你們台灣企業家我接待過一位印象極好的人

1988 年他帶團參觀西安人造衛星測控中心

姓王個子很高不到 40 歲軟件公司老闆

龍龍開心的向學長報告

他叫王興隆

是我爸爸

在座的人都向龍龍說了許多嘉勉的話

這讓我回到當年的 10 天破冰之旅

台灣第一個高科技訪問團33人由我號召組成

訪問北京、西安、洛陽、南京、杭州

中國科學院6個研究所

高等學府有清華、北大、西安交大、南京東南大學

五座國營企業

有家職工一百萬人的集團問我能否接手經營

內有小學到大學、醫院一座城市規模

大陸的官員私下見到我有感而發老淚橫流

王先生這麼年輕才38歲就這麼有成就

我們都老了

年輕的一代文革中都失去栽培

阿隆為500位來自各地的科技領導演講

我們都是白手創業競爭力與全球先進國家企業相比毫不遜色

我們做得到

你們一定也做得到

中央電視台派記者隨團採訪

每天阿隆出現在電視新聞中

難怪多年來大陸各地的官員都說看過阿隆

見賢思齊

龍龍
這一段話值得你一生受用

　　根據李國鼎後來的說法，他在劍橋大學深造三年，印象最深的就是拉塞福的治學方法。

　　他回憶，每當接到新工作或任務，「第一步是觀察整體，不能見樹不見林。這當然需要經驗培養，也需要各種專才，從各方面做研究，集眾人之長，才不會有缺漏。」

　　「然後便是歸納檢討，把應該做的，按輕重緩急列出工作時間表。」

　　「再來是折衝協調各各單位，因為小至原子構造、大至實驗室、乃至於一個政府，都是一種系統，要分工、合作，才能有進展。」

李國鼎先生是淑儀的爺爺
他物理系高才生留學劍橋三年師從諾貝爾獎大師
悟得治學做事之章法
對台灣經濟建設科技發展貢獻厥偉
淑儀爺爺生日
她父母邀我們全家參加
淑儀和圓圓同學12年
她們小時候在我車上的對話

都令我驚訝口才真好
她爺爺當過經濟部長財政部長
還有許多事蹟你搜尋一下
大公無私勤政愛民的典範

產銷人發財

企業家的出身不外乎
生產製造
行銷服務
人力資源
創新研發
財會金流

先從專精領域出發
經由升遷或輪調熟悉其他專業
經過完整歷練
懂得整合各項專長的人才
方能使企業逐步壯大成功

龍龍這兩年演練你的研發實力
同時提升同僚的技術能力
一個人再厲害

若不懂得群策群力

格局做不大

以後會接觸各類專業

深入瞭解後知人善任

十年後你有機會成為稱職的企業家

龍龍問授權

在回答你之前先提醒你

不管如何

只要是你負責

都要一肩扛下別怪別人

你一個人就可做好的

直接做好它

忙不過來

找一個稱職的幫手授權去做

你不放心就必須多費心花時間去教去訓練到你放心

如果這人不成材就找真有實力

一旦授權初期每一檢討點要向你回報進度與遇到的難關

確定可調正再執行下一階段

多成功幾次

讓你更信任後再進一步授權

如果你不用心督導幫手成為稱職者
他做錯或做不到
你的不作為就不能後悔得到的苦果
有人會向你認錯可以再給機會試練
實在不行就放掉
衡量企業的承受小挫敗的能耐
給有向心力有潛力的人才一些犯錯的額度
不要挫敗一次就否定他
我最佩服的創業家就是施振榮先生
最懂得授權
而且胸襟開濶給許多人才冒險犯難愈挫愈勇
阿隆1980年就在民生東路宏碁起家厝進出
見到坐辦公桌的老友們
個個都是宏碁集團的董事長總經理
授權實在是企業家的成功要訣之一

遙視能力

昨夜龍龍開心說再幾天就可回台北了
他公司下星期一只剩他和幾位主管
其他的都放年假去了
6月將在美國上市的極氪電動車
總經理安排龍龍2月就近進駐帶新項目技術團隊

我告訴龍龍

不論團體是大到國家或小到企業

要讓每個人都覺得被尊重

領導要大公無私

不患寡而患不均

凡是有人無意干擾和諧狀態

當機立斷處理

免得失控

你沒大公無私處理

人會以為你默許

日久就離心離德

商道

今天在龍門辦公室

阿隆傳授龍龍商道

君子愛財取之有道

大稻埕是台灣富一代的聚落

中南部有志青少年北上在迪化街商家當學徒

幾年熟悉招呼買家拓展客源南北貨採購進口訂價批發收現員

工管理

懂得生財有道

自立門戶或回家鄉當老闆

百年來出現許多億萬富豪
這一帶大街小巷隨意穿着的老阿伯名下可能有好幾棟店面
做生意信用第一

台灣企業家大多經過採購歷練
大老闆考核主管能力外非常注意操守
沒過關的絕不會被拔擢的

鄉村小店會到城市批貨回去做生意小賺三成
小城市的商家會坐火車到台北後火車站商圈大批發商挑選暢
銷商品回去當中盤商
利差二成

現代網購也是同樣概念
只是不必自己辛苦跑單幫
國際貿易物流宅配
若有新的商業獲利模式
又會創造一批富翁
人的潛力無可限量
有為者亦若是

尊敬對方

不論做生意或談判

千萬不可輕視別人

資訊發達的現在

彼此用的手法技巧心知肚明

沒人情願吃虧的

你贏他輸生意不會圓滿

我們應該開誠佈公

將自己的優缺點分析

如何讓對方享有合理的利益

而我們尚可有合理利潤

行銷要領

龍龍要知道在職場

先精通自己第一專長

行有餘力要體驗行銷

企業培育人才都會給予行銷歷練

企業經營者不懂行銷

格局做不大

現在告訴你要領

技術、品質、服務當然要有令消費者滿意的優勢

不夠好的別上市
那是自取其辱賠錢的坑
只說自己產品能為使用者創造的價值
不要去批評同業的產品
合理的利潤才能永續為客戶永續服務
殺價終究無人獲益
讓客戶自己判斷做決定
避免緊迫催促引起對方不悅
一個滿意的客戶
會介紹十個新客戶
一個生氣抱怨的客戶
會幫你反宣傳阻礙數以百千計的潛在客戶
完成交易合約
互相恭喜明快離開現場
客戶才會自我說服
完成美好的交易
若逗留現場
客戶仍會想還有更好的條件要追加

演講是快樂的分享

以前阿隆的研發副總說想看我如何銷售電腦

我就帶他去拜訪客戶

他很高興為客戶介紹我們代理的電腦各種先進功能

幾乎所有術語都用上

客戶聽了肅然起敬

他說自己不懂電腦沒興趣

阿隆接手告訴他

你只要會開車

車的專業技術有專家幫您服務

我們就是為您服務訓練您公司員工使用電腦幫公司賺錢

客戶聽懂原來如此

就和我簽約

客戶還跟我副總說

你老闆比較厲害

他說的我都會

回公司途中他抱怨客戶程度太差

我安慰他

下次你練習講客戶聽得懂的

阿隆的演講

從小一到百歲人瑞都聽得懂

凡事皆感恩

這一生遇到許多貴人惠我良多

大家對我那麼好

我豈能不感恩

機遇幸運

阿隆步入職場就到復盛公司報到

董事長李後藤先生聽到我三年後將創業

他笑著說你的構想一定會變

將來你會坐這位子

指著他的椅子

受到感動

三年好好表現報答知遇之恩

然後再出去創其他事業

李董事長讓我七個月內

把工廠五個課都實習

把空氣壓縮機從設計鑄造製造加工生產管理維修服務學通

再用二年時間拜訪台北高雄台南數以千計各大工廠規劃全廠

機房管線

定期向李董事長報告心得

領受他獨到的經營理念

三年時間到照原先計劃

我向他報告我要創辦電腦公司

李董事長知人善任正派經營

成就非凡
阿隆敬佩並師法
在企業巨人面前自己實在真渺小

李董事長到台南我家做客
家父屬龍大一歲
他們都用日語談笑風生
父親要我好好向李董事長學習
李董事長說可惜我們不是親家

Chi Zoe 回應：

　　李董事長成立感恩基金會，每年撥款公司盈餘，協助公
益團體。創辦之初，他親自拜訪團體，他謙虛的說是學習之
旅，卻造福許多公益團體，他讓人懷念。

易子而教

1977年阿隆還在復盛三重工廠實習
成大工科系主任張正生（東京大學工學博士）到復盛
與李後藤董事長洽談清水地熱發電渦輪汽電機的開發
張主任在日本有多位企業家好友
李董事長向他請教事業經營
張主任說自己孩子先送到好友企業歷練

再放到身邊訓練

找外人當總經理企業才能壯大

阿隆創業後

不少好友把孩子送來見習

父母教不聽的

阿隆的同仁講就都會聽

我們在電腦公會常務理事會常討論子女是否適合接自己事業

結論適才適所

擇最優的來接棒

讓人才樂於奉獻

企業才有源源不斷的新動力

施振榮先生就做得很棒

難怪能培養許多傑出的企業家

陳叔叔的建議

40年創投審視美台創業募資

軟體業都20來歲

幾個高手其他幾百幾千人只是碼農

製造業則需要各領域人才

要有卓越領導管理才華

自己創製造業需幾十年功夫

以10年為一階段

45歲就定型

55歲大勢底定

現在是技術最豐富的狀態

以後逐年下降

一定要有一個團隊

一個人再厲害

沒有自己的團隊

無法成大事

若選擇在大企業

45歲還不能升到總經理

公司會提拔年有提升企業進化能力的後起之秀取代

人盡其才

去年三弟小兒子在美國應徵

NVIDIA公司

直接在線上出好幾個題目 寫程式對答長達8小時

沒真才實學根本寫不來 合格被通知到矽谷面談

錄取公司出資補助從底特律搬家到矽谷

年薪美金40萬

他太太則應徵蘋果公司 也是線上測驗技術實力

年薪20萬

美國企業很捨得給高薪

三弟透露
小兒子在美國從東岸搬家到西岸
公司幫他安排一切並支付搬家費
事後他很好奇問公司部門
才知支付了相當台幣一百多萬
真的不惜代價儲備人才

千里馬仍需伯樂
台灣各領域都有不少千里馬
人才濟濟
百工百業繁榮
受世人敬

提供龍蘢參考

台灣百年工商經濟科技進化潮流概分如下
與時俱進跟上潮流甚至超前佈局都有一片天

1950~1959 大宗物資如木材出口
1960~1969 輕工業（紡織）三合板製造
1970~1979 重工業（中鋼台塑）

1980~1989 電子

1990~1999 電腦

2000~2009 網路

2010~2019 手機

2020~2029 半導體AI

2030~2039 量子電腦無人自動化

2040~2049 AI機器人當道

無人工廠自動化

靠AI以量子電腦高速演算

主要完成三核心任務

影像擷取

辨識判讀

不良品剔除

有公信力的判讀中心受倚重

將大有可為

一個人的武林

現在可以獨資的一個人公司

很適合有特殊才華的人

通常他擁有獨特的發明專利

市場需求存在

一個人搞定所有企業部門功用
產銷人發財
生產製造、行銷維護、人力資源、研究發展、財務管理
年輕人永遠有大展身手的機會
或找才能互補的好友結伴闖江湖亦是快意人生
今天好幾位一個人的武林的股市俠客
規模百萬千萬都有
分享重點股票的分析極為深入
阿隆給的建議
股市有高低起伏才有交易動能
外資的分析往往故意貶低再私下吃貨
找個高目標炒高股票等散戶心癢追棒再套殺
所有資訊虛實難辨
我們要真正瞭解該公司公告的資訊判斷值不值得投資
張火山大學長 20 年前
告訴阿隆
大多數人會買股票
不會賣股票
會買若不會賣是難獲利的
什麼意思
大家參考

創業心法

有學弟希望阿隆分享

這是大要
細節是你的執行力與毅志

首先你創的事業對人有益嗎？
沒有永久的事業
當它消失前總該對人間有過貢獻
只圖個人享受沒造福世間
太自私沒福報殃及子孫

再來你能心甘情願吃苦受難
不怨天不尤人嗎？
創業過程要忍辱負重禮賢下士身段柔軟勤快結善緣

這兩關確認通得過
隨順因緣以客為尊
無論產品或服務都是客戶最需要的頂極品質
你一定能成功
記住賺到錢拿一成出來做好事行善為子孫積德添福報

驚喜

龍龍的指導教授的團隊擁有100多位博士級的頂尖工程師

最近接到最大的玻璃製造公司委託設計液體壓鑄電腦模擬運
算法

正愁跨到全然陌生的領域

龍龍把這幾個月自學的相關知識與供應鏈的資訊

分享給他們團隊

讓指導教授非常開心

表示日後歡迎他到北京加入他們團隊

阿隆告訴龍龍

我們父子很容易遇到傑出的人才

你能無私助人

自然就有好人緣

龍龍比老爸更強

親子5

龍龍開心有些好構想可寫成專利

祝他成功

他參觀了很大的專業供應商

發現有原來做手機做各種行業的企業投入電動車製造

大部件都外包給供應商

很快就有自己的產品上市

這些加入的競爭者欠缺人才

阿隆提醒龍龍電動車

最終只剩幾家

大部份都炒企業股票急功近利不值一顧

做大事業一定要穩健不貪快

龍龍1月17日回家1月26日返陸

他說以前聽不懂

這幾個月遇到的狀況

都被老爸預言到

幾十年來到各大學演講

今天終於教到自己孩子

禮尚往來

龍龍說最近無意間成為愈來愈多專家的技術集散平台

集團各部門

供應鏈廠家

大學教授群

龍龍會提供他們有幫助的技術資源

他們會回報各自引以為傲的新發現

面對突然增多的學習項目

體悟深度學習要領

阿隆建議他串聯各關鍵
就可連鎖反應產生新的發明
成功後務必飲水思源
鄭崇華董事長是你的好榜樣
感恩並回饋這個世界

學以致用的樂趣

胡大文告訴阿隆
像微軟向他買專利
有數以千計專利向世界各大公司索取專利使用費
每年收入近40億美金
有公司破產就會去買他們的專利
大文會出資和頂尖研究機構合作研發新技術
學術論文讓教授去發表
專利自己申請在產業上應用
學以致用的樂趣
大文成就不凡
他說出的大企業好幾家都用了他的專利

志工們喜歡找阿隆解惑
歡迎志工活動時面談
我無能為力的地方

現場有適當的人

當場找來幫你

我們志工臥虎藏龍人才濟濟

值得信任

我們不談利害關係不涉個人隱私光明磊落

大家就像一家人

快樂行善濟弱扶傾

煙火秀

龍龍的社區是杭州灣許多棟25層的大樓

他住15樓

昨夜有人在廣場放煙火

正好在他眼前開花

從沒近距離看到煙火爆炸

特傳給老爸分享

阿隆也是第一次看到

龍龍問胡大文叔叔為何那麼厲害

他在成大也修了快200學分

融會貫通

在美國知名大學實驗室團隊

一起開發新技術

對美日韓大陸各科技公司都有提供專利授權
把學問真正徹底搞懂
跨領域的產品就 空出世

白手起家VS集團內部創業

龍龍
創業是高難度的行動
白手起家
最好無家室之累
百折不撓
事必躬親
覺悟吃盡苦頭
變形蟲靈活適應競爭強度
10年有機會真正成功
以後再調整經營團隊
輔導企業內部創業

經營者會挑選人才到身邊當特別助理
從協助聯絡各部門主管和各往來廠商負責人
建構企業營運網脈地圖
然後放到第一線當主管
輪調重要部門

五年後有新事業成立
你將被任命為負責人
集團的資源挹注幾年
脫胎換骨成為集團金雞母
以後就有機會成集團掌門人

女性同仁向你示好
禮貌待之
除非決心娶她
否則不去碰人家
大家知道你是君子
以後你的下屬都會尊敬你

學以致用

1985年阿隆向施理事長建議成立創意發明中心
每家公司選派研發工程師進駐
腦力激盪出創意
將每人所學運用在新發明上
施理事長覺得構想具前瞻性
問阿隆研發成果智財權歸屬
答說工程師所有
授權企業按產品收益合理佔比付費使用

施理事長覺得不易管理

沒錯這是高難度的主張

時機未到

歐美各國的國防科技都領先民營企業數十年

陸續釋出用在民生用品上

促使社會生活環境更便利

阿隆的學弟武文強在中科院轉移鈦金屬鑄造技術給高爾夫球

頭製造廠

讓台灣成為全球最大的製造基地

這是學以致用的成功典範

各位科技專家

若能在貴院無安全機密下同意為民生安和樂利做貢獻

阿隆的好友事業有成

財力十分雄厚

說不定有興趣實現1985年的構想

創意發明中心

研發出來的民生用品

好友們的企業都能生產行銷全球

太平盛世到來渾身本事的各位更能盡情發揮

原創中心

創意師與工程師
主帥與部將

為何企業有興衰
現今經營的知識已趨完備
執行力分高下
雄厚的財力在手
應該撥出1~10億
設立原創中心
不論出身背景
有才華的短期長期進駐
無中生有也好
融合世界新技術創新也好
設計製造出獨一無二的新產品
讓企業有源源不斷的新興產品
透過完備的體系供應全球市場

嚴師教誨天長地久

阿隆的業師李後藤董事長喜歡問阿隆問題

再從回答中提點可再精進的地方

終身受益匪淺

昨夜他很愉快帶我去好大的建築

在一樓挑高六層樓的大廳

擺了一台很大的機器

他優雅地在鍵盤操作

機器不停在紙上打洞

他問我知道這是什麼設備

我很快回答是 Telegram，Telex

他說 NO，NO

這次看清楚紙卡打洞不是紙條

我說這是 IBM 1130 電腦系統

他微笑點頭

就是它培育了你們這一代

擁有研究新科技的基本能力

要感恩

培養人才，促進資訊產業升級

光陰似箭，回想1980年6月，我創立了國喬電腦公司，那時，臺灣算是資訊沙漠；宏碁電腦創辦人施振榮先生和我都是同一輩，他們做硬體，軟體只有少數人，有我、還有幾位好友在不同的企業，為台灣資訊業分自奮鬥打拚。

讓我印象最深刻的是，每一次我在招募新進同仁時，有軟體工程師、還有服務專員的職缺。來應徵的人明明是資訊本科系的，但卻沒有信心，因為覺得有名的公司招考寫程式的軟體工程師，工作可能不容易也比較辛苦。結果大家都報考解決客戶問題的資訊專員，我們發現這樣怎麼行？大家都缺乏信心不報考軟體工程師。

我就投下大筆資金買了四棟透天別墅，招募三十個新人，就住在山上集訓，把公司的主管調過去陪他們，讓他們有信心，用ASSEMBLY程式語言寫各種核心程式寫作業系統。

後來我把作業系統公開分享給工研院、資策會、神通公司、宏碁公司，讓他們去研究。因為我不曉得我的公司能夠撐多久，但是這些技術，如果沒有擴散分享出去，沒有讓比我公司更多的人才及資源的公司去使用，這是太可惜的事。

電腦開拓期

1980 年 6 月創立了國喬電腦公司

業績一直掛零

直到 12 月第一屆資訊週展出

以攝影機擷取影像數字化藉高速陣列式印表機印出頭像

成為所有展出項目最夯的明星

主辦單位把來參觀的貴賓第一站就引導到國喬電腦公司留影

紀念

一週下來整個政府從總統府到各部會首長都造訪國喬

新聞媒體大肆報導以前沒看過的技術

各界人士才主動來洽詢電腦業務

當時只有大公司才用數以百萬千萬元的大型電腦

中小企業尤其是貿易公司如獲至寶

向國喬買了電腦將貿易從打字機處理文件升級到電腦作業

國際貿易展他們把國喬電腦系統放到現場開報價單

吸引到參觀的各國買家

1984 年阿隆要阿一將她設計的貿易業電腦化解說出書

阿隆設計封面

是全台第一本

由當時最大的電腦教科書出版社儒林總經銷

各大專國貿科系紛紛採用為教科書

合影

1983年TCA前後任理事長常務理事合影
前右一侯清雄（神通）
右二林榮生（王安）
右三施振榮（宏碁）
右四龍偉業（IBM）
後排右一王興隆（國喬）

我們開創台灣電腦產業

龍龍說
老爸你那時才32歲
這張照片我怎麼沒見過

阿隆告訴龍龍
每個人氣場很強
各種宗教信仰給予神助
賜與在嶄新未知領域開天闢地
都是龍的傳人
那階段我的演講都是鼓勵有志者放膽投入電腦領域
並如何創業經營
每場500人奮筆記下重點
有為者亦若是

心想事成

億萬富豪彼彼皆是

當時我最後一句話就是

如果你聽了我無私的分享而成功

請將所賺到的財富拿出一成去行善

有做到的這一生就圓滿了

1988年12月

阿隆率台北電腦公會老友們

台視聯合經濟中時工商記者

大陸央視隨團報導12天

北京西安洛陽南京杭州

各省領導熱烈接待

參觀55個科研機構

1990，1992

北京上海深圳考察

為台灣電腦業佈局

大陸到處修路拆房

國企員工下崗個體戶街上擺攤

倒爺流行民工四處找工作

混亂中社會轉型

30年就在眼皮下翻轉過來

台灣的自由經濟發展成功
當時大陸民眾十分嚮往
20年來各取所需互蒙其利
台灣保持科技優勢研發創新

36年的印記：赴陸考察團

【緣起】

　　1984 年，我們開始以公會的力量推動台灣電腦產業。當時台灣的資訊業在世界排名第 11，往前一直推進到第7名的時候，發現有瓶頸推不動，因為台灣的薪資暴漲，從事資訊業的創業者都是比較年輕且家無恆產的，是因為是有膽識願意來創業，但是沒有什麼資產，需要廣募資金，然而當時光是買地皮錢就用光了。

　　我那時有機緣在電腦公會的會員大會中擔任常務理事（後來我們的會員有 5000 多家），會員大會時，我向大家提議：「單靠台灣資源要成為世界首屈一指的資訊大國是很困難的，大陸剛好開放探親，我建議我們組一個團，我帶團來訪查大陸的科技水準，還有各個高等學校，像北京大學還有北京清華大學、上海交大、西安交大，我們去了解對岸大學生的素質；最重要的是到底他們的土地有多便宜？能不能讓我們來做有秩序的投資？」同業大家也支持我，所以我當

團長，總共帶着三梯次的考察團到大陸，發現真的可以善用大陸的資源。

我們把研發規畫放在台灣，將生產製造放在大陸，發現江南一帶的人民，特別是婦女，手工都很巧，因為她們擅長紡紗刺繡，在台灣電子業工廠要招募員工時，有一項測驗是拿筷子夾珠子，就是看手巧不巧，在大陸根本不需要，因為手巧的人比比皆是，而且大陸月薪是新台幣一千塊，是台灣的 1/15。產業要發展，需要善用資源，很幸運的，我們因為掌握了這個資源與契機，真正成為一個所謂的資訊大國。

——摘自《巡迴演講2022.03.01中央大學》

【話當年】

1988年我率先組成一個考察團，帶了三十多位台灣電腦界的經營者，很令我感動也正如我所想像的，我發現大陸的人才相當多。我第一次去的時候，是由中國科學院來接待我們，他們很熱誠地把幾十個研究單位毫無保留的讓我們參觀，去跟他們做意見上的交流。

印象最深刻的是正負電子對撞機，特地為我們在拜訪的當天停機一天。我們也到西安、洛陽、還有南京、杭州，也拜訪了北京大學、清華大學、西安交大、東南大學還有南京大學、五十幾個研究機構還有工廠，讓我們感覺台灣的一些發展經驗如果能和大陸充沛的人才結合，不曉得該有多好。

1990年5月第二次帶團，有六十幾位經營者同行，請

大陸方面集合全大陸從事電腦資訊方面的領導，大約有一百六十幾位，雙方加起來總共二百三十幾位，我們排了兩天的研討會，由台灣傑出的經營者來當講師。我們毫無保留的將台灣的經驗，無論是長處還是短處都說出來，我相信撇開政治的意識形態，大家都是很容易溝通的。我希望五十年後，當我們的資訊產品廣為世人所使用的時候，我們後代的子孫能夠摒除不必要的意識形態，一起奠定中國人在資訊產業的根基。

人就是這樣，你的成就永遠不會超出你思想的限度，只要你有那個使命感，你立下一個可實行的偉大目標全力以赴，應該會有成功的機會。你確信你的目標絕對能夠達到，就好像坐雲霄飛車，最後一定會平安抵達目的地。只要有這種覺悟，整個驚心動魄的過程，你就不會那麼在意它是不是會發生意外？或者有什麼不測？而能充分享受其中「山窮水盡疑無路，柳暗花明又一村」的過程。

我也常到各大專院校演講，跟年輕的朋友們溝通，我希望他們對上、對栽培過他的長輩懷著感恩的心；對平輩要能給予相當的尊重，對於晚輩後學者，能毫不吝嗇地去開導他們、提拔他們、去栽培他們。現在靠一個人就能成功的時代早就過去了，一個人的成功往往是朋友之間互相提拔的結果。

我相信我所結識的各界好友，十年後每個人都有更輝煌的成就，我可以跟他們一塊兒來幫助這個社會真的需要我們拉拔的人才、或者是值得同情的人、或者是這個社會制度疏於照

顧的弱勢團體，我呼籲大家不要等到你真的很有錢的時候才做善事，即使現在的收入很少，你都能夠持之以恆地把十分之一的收入用來做點幫助別人的好事。相信在我們這些有心人的鼓吹之下，我們的力量應該可以制衡不良的社會風氣。

──摘自1991.11.3中廣劉小梅人物專訪

CHAPTER

4

平

Race Prosperity

欣慰

在向眾人傳達行善理念之初，

遭到不少人冷嘲熱諷，好像我裝聖人，沽名釣譽

半世紀以來我沒喪志，一路走來始終如一

除了沒有做到自己賺大錢來做善事外，其他大致如願了

逐漸有更多人共襄盛舉，上天也來幫助大家

為窮人賺錢兩全其美的投資行善團，人人成為有愛心的富翁

謝謝大家的關心與支持，在北捷服務的志工李承達代表全體
志工的心聲

阿隆祝福我們同行大道之上

"迴響"

這就是禮運大同篇的精神。

大道之行也，天下為公。選賢與能，講信修睦。故
人不獨親其親，不獨子其子；使老有所終，壯有所用，
幼有所長，矜、寡、孤、獨、廢疾者，皆有所養；男有
分，女有歸。貨，惡其棄於地也，不必藏於己；力，惡
其不出於身也，不必為己。是故謀閉而不興，盜竊亂賊
而不作，故外戶而不閉，是謂「大同」。

我在王董事長的言行氣度裡看到了這個精神，原以
為這只是個理想世界，只能藏在心裡，沒想到真的有人

用來實踐，所以受感召也自動受徵召，濟弱扶傾做志工，用自己微薄之力一步一步實踐「大同」。

利他

阿隆第一個職場老闆

李後藤董事長

事業成就了復盛集團

志業引導了感恩基金會

純粹利他的奉獻

阿隆有幸受教於李董事長

如今向感恩全體成員學習利他精神

自私是人的本性

神提昇人性利他

人世間百分之一的人能利他

地球一定有救

利他的回應

　　吳惠文一家人都是修行人，在台南上市大廠當主管，靈修領悟深刻。

在做利他的服務，身心最快樂，一旦回到私欲的追求，苦惱一件件發生。

人在利己利他間擺盪，言行多有幫助他人，好壞善惡都在一念間。

祝福每個人常保愉快的心情，與人為善。

學長早安，謝您，您跟李董事長都是了不起的人！我也想跟學長分享最近的學習心得！

最近接觸一些心理學及身心靈的課程，了解原來人會自私，大部分都跟原生家庭有關，一個人如果成長於一個匱乏、有條件給予的家庭，從沒感受到無條件的愛，通常這個人會在潛意識學習並相信自己不值得、不配得，後續會發展成過度犧牲奉獻？或是自私自利？就因人而異了，解脫之道必須回來覺察自己的起心動念，回溯自己的創傷，並加以撫慰，有意識的疼惜照顧自己、填補心中那個看不見的缺口，當缺口慢慢補起來，自然會感受到宇宙無條件的愛，也就能夠真心給出愛利益周遭的人！

分享鞋盒

小外孫向外公要鞋盒
我問圓圓為什麼
她說幼稚園老師說每位小朋友把自己喜歡的玩具零食文具
裝在鞋盒裡

帶到學校轉送給偏鄉的小朋友
大家從小懂得諧和分享
圓圓家找不到鞋盒
小外孫說外公家有看到

隨喜即可

龍龍說他有薪水了
想做些善事
問老爸有什麼建議
我不知道當地民情
以前阿隆在上海浦西浦東每天上下班
若看到有老殘的長者蹲在公園邊乞討
我都會請司機小張停遠點
然後走回頭送張鈔票隨喜
有時候會請小張代我送
讓他體驗行善的感應

後來他領悟原來有錢可以助人間
問王董如何才能變成有錢人
我告訴他趁年輕多進修時代新技能
他很上進,考入上海交大學習計算機
我知道小張一定變成有愛心的有錢人!

龍龍你存摺裡的存款
前2個數字不動
後面都是你可隨喜行善用
你會愈用愈豐富
因為善行涵養善心
善心助你工作勤奮稱職
啟動人生善的循環
良師益友不請自來

工讀生

昨天下午乾女兒和先生兒子來探訪
送了一束好美的花

給了阿隆深情的擁抱
她是小鳳初中高中同學、大學、研究所到現在的莫逆之交
一個是律師一個是中醫師
也都曾在國喬電腦公司工讀過

阿隆印象中提供 100 多位工讀生
寒假暑假打工賺學費，免費學電腦，學為人處世
後來成就了好幾對姻緣，在國內外有不錯的發展

家華與昌新一起工讀

昌新原本在 IBM 被一家科技公司挖角當技術長

陸續想起多人出國深造

每個人發生的趣事

有位成大學弟哭著說他以後會賠他燒壞的一台25萬元印表機

誤把插頭接到 220 伏特電源

我告訴不必賠安慰他，後來他進中山科學院，現在退休了吧！

愛心紅包

　　10幾年前，張文溫董事長請我到高雄圓山大飯店那裡為成大校友們演講，我提早到就在現場每一個桌子上放了好多紅包，裡面都是新鈔。進來的人不明究裡，因為那時候接近選舉，就有人說「真好，今天還有走路工的費用」。

　　我上台演講時說：「各位不要誤會，那不是買票的錢，紅包裡面裝了新鈔，我請大家幫忙，回去後如果路上遇到拾荒的老人或街頭需要幫助的老公公老婆婆，那麼你們看到了就將這些紅包分享給他們，同時給他們祝福。」

　　結果下一次高雄成大又開校友會時，他們好多人都跑來找我，跟我說這紅包實在太好了，比捐款還好、還實用，因為拾荒老人有的自尊心很強，但是當這紅包他們恭恭敬敬送出去時，這些老人家們都欣然接受了，他們說：「離開時常會看見這些老人家們拿著紅包往天上拜。」他們很辛苦，但

區區的1000元可以讓他們感受到溫暖，讓他們更有勇氣好好的繼續過生活。

十多年來，我都鼓勵我們的志工隨身攜帶紅包，紅包裡面裝你的誠意，不管幾百元、或者500元、或者1000元……都好，如果看到那種老阿伯或者老阿婆，七、八十歲的，下雨天還在那邊資源回收，他們一天收那些來講的話，是賺50元到100元過生活，但我說你們開著賓士車，路過的時候看到，麻煩你們下來，傳遞你的祝福和關懷。一包1000元，他可以快樂過好幾天。

大家平常做善事大都是捐款而已，沒有親力親為把東西交到需要的人手上。但自從開始做這種嘗試，發現把紅包交給這些需要的人的時候，現場好像觸電了，出現很大的能量到他自身，他很感動，對方也很感動。

三顆心

這是一張畫有愛心圖案的悠遊卡，裡面有3顆心，最裡面是孝心，第二個是愛心，第三個心，就是法力無邊、無遠弗屆關懷這世界的關心。這些卡片總共大約有12,000張，我曾經將一些愛心卡片送給勵馨基金會，每張500元，他們非常高興，因為家暴案件常發生在半夜沒辦法帶錢，但帶了這張卡片再去加值就很好用。

志工張淑梅的兒子念建國中學，有一天跑來跟我說：

「能不能給建中學生們150張愛心卡？」我問為什麼？她說因為有些建中學生很會念書，但是家裡很窮。於是我送給他們，學校的教官們就請家長會的會員們每人都認領卡片並且加值，這些愛心卡就可以讓這些學生去便利商店買中餐或買晚餐，十分實用。這社會時時需要有人去做這些愛心的事情。

愛心計程車司機

去龍山寺向觀音菩薩謝恩
這是病癒出院每月一次的行禮
每多活一個月可做很多事
回家搭計程車

半路停車司機從前座拿了一包東西
送給在垃圾桶找食物的人
他回車上繼續開車
我好奇問你認識那人嗎？
他說每天車上都準備 6 包麵包
看到那些翻垃圾桶找吃的就送一個麵包
送完再去便利商店買
我聽了很感動
200 元車資我付一千元不用找我錢
800 元共襄盛舉

第一次看到新的行善方式
太佩服了，台灣善人遍佈真好！

霧社深山

　　跟大家分享一則「霧社深山裡偉大媽媽的故事」。我在杭州當中醫師的女兒，之前曾經在博客來當書店經理，每個月要看好多本書寫書評，後來因為眼睛太勞累、身體負荷太重，在一個因緣下到南投山上當了3年的義工。

　　她們基金會為南投縣所有學校提供獎學金，小學生是1000元，初中生是2000元，我女兒在基金會裡接到一位住在霧社媽媽的電話，她的女兒念霧社國小，是班上第一名，看到學校公告可以申請基金會獎學金，但那時已經截止了，那位媽媽聽了非常失望。因為我都有帶這種1000元紅包在身上的習慣，於是我女兒就打電話給我說：「爸爸，你那邊不是有很多1000元的嗎？你去幫個忙。」我說好，於是就打電話過去。我心想除了1000元外，她們應該還缺什麼東西，我想去了解一下狀況看看。

　　隔日一早五點多我就從台北開車出發，到了那邊因為山路不好走，就有2個人出來接我到霧社深山裡面。當時霧社媽媽以為我只是去送1000元，去了之後才知道她的先生原先在台北工作很好，但得到癌症而且已經末期了只能臥床，每天昏睡好幾個小時，他們住的地方是土坯仔，也沒有油漆年

久失修，旁邊還有人在蓋廟，他們就住在廟的後面且僅有一張床。

　　我問她：「一共有幾個孩子？」她說一共4個孩子，最小的是申請紅包獎學金的這個，其他孩子有念大學、有念高中的，都在外面讀書住宿。她平常的工作在採茶葉打零工四處去，生活困難。我跟她說「妳先生應該要去看病」，她說不要緊，他們還有健保。後來她解釋說為什麼最近要籌錢，是為了孩子們下學期的學費，所以需要張羅。我問她需要多少？後來我幫她算了一下，然後將身上所有1000元的紅包掏出來，一共有8萬元。我說這些錢應該夠你孩子們下一學期的費用，我半年後會再來。那條山路非常崎嶇，離開的時候我真的很不忍心的再次回頭看，就像剛剛前面說的，她真的拿著我給的這些紅包往上拜天，那一刻我的眼淚就掉了下來。

　　半年後我又帶了8萬元過去，這次沒有人帶路所以我迷路了，車子在山路中還差點掉到懸崖下，這次她先生稍微清醒並且很勉強的跟我握手並且不停地道謝，他很感動，他們沒想到我半年後真的依約來了，我把錢交給他們，說這是半年的費用。離開時，上次是太太在拜，這次是夫妻倆一起對著遠山的天空在拜，那個叫做感謝天，感恩。不久後那太太又打電話給我，說她先生在台中榮總過世了，沒有錢辦後事，需要3萬元，我拿了5萬元開車到那邊拿給她，祝福她祝福他們，這就是霧社深山裡偉大媽媽的故事，這是我不認識但卻跟我有緣分的辛苦人，透過上天給出去的紅包祝福，也祝福這世界跟我們有緣的所有人們，祝福大家。

心願

好友問我他做什麼公益才好
建議他為自己母校設助學獎金
小學國中優先
高中大學行有餘力也很有意義
為社會栽培人才
正好龍龍視訊進來
告訴他將來有能力就為這世界栽培後起之秀
無國界分別
幫他們團結在一起
造福全世界

高人指點

達官顯貴工商鉅子都有高人指點
名利如潮汐起伏不定
用盡心機往往一場空
人在得意時多做善事準沒錯
結善緣積天福
上天在考驗眾靈為人世奉獻多少
好多人說我們都是平凡人該怎麼辦
阿隆不就以身作則跟大家在做善事

我們有愛心親力親為

幫助弱勢

日積月累

造福人間

同樣可貴

人人行善人間有福

水到渠成，欲速不達

大家都希望有個成功的捷徑

成功是需要過程去經歷時間去醞釀

通常要克服一些阻撓一些挫折一些失敗

愈大的成就愈得經過大考驗

想跳過這歷練所得的成果是經不起將面對的嚴酷挫敗

成功之後你要做什麼

自己享受

親友分享

濟弱扶傾

第一種是普世價值觀

但只有物質享受精神匱乏失落

第二種心安理得知天命

第三種天人合一平安喜樂

有第三種為志向

就會感恩一切順逆皆是成全
有第二種為志向
恩怨分明分別對待
以第一種為志向
終生爭名逐利為外物所役

如果你有50億元

真有那一天
你會如何用這些錢
用得精彩
老天爺會給你更多
我尊敬的李後藤董事長
在華南銀行看到一本善書
教人孝順父母
竟然是剛進公司的王興隆助印的
他問我做這事的動機
我說這書令我感動
好書應該廣為流傳
我領了薪水
印了2千本送人
李董事長再問你有錢會怎麼用
阿隆答自己賺錢去幫助窮人

他告訴阿隆我也在行善

阿隆開心說董事長也在印善書

他告訴我

把公司經營成功讓員工有好待遇養一家人

你將來把事業做好就能照顧更多人

李董事長後來創辦感恩社會福利基金會

不對外募款而全都自己出錢

不求名低調幫助數以千計公益團體去行善

阿隆8年前有幸和李董事長家人

見證他以50億元無私行善

阿隆的富豪同學很多

見賢思齊

大善人愈多

做公益的人更能造福世人

龍龍的標竿

台灣二戰後

時局動盪

但政府用心重用人才發展經濟

普及教育

我們戰後嬰兒潮在台灣真幸運

學到上一代的刻苦耐勞勤奮儉樸

接受完善的教育
在各領域貢獻所學
七十多年來藏富於民
但仍有窮困弱勢需救濟
大企業家紛紛成立公益基金會
其中感恩社會福利基金會
20多年的贊助數以千計的公益團體
20億補助金每筆從幾十萬元到幾佰萬元
明年度預備1億3千5百萬元運作
明年召開董事會
將請李亮箴董事長同意讓你旁聽
10年後你賺進第一桶金
就知道如何去做公益

嘟嘟說

今天嘟嘟請假到台北照顧媽媽
準備好午餐
她分享最近的心得

台中市各區都設有家庭福利中心
每3個月會召集各界代表
里長社工社區代表心理諮商師崔媽媽房介勵馨弘道房東市府

主管50多人

探討社會住宅租屋補貼經濟弱勢補助以及個案研討

有些人很會找資源申請經費

有些人需要輔導

有人只要錢不要去工作

社工和心理諮商師

身心正常能量好像都被輔導對象的巨大負能量吸光

阿隆提醒嘟嘟做能做的事

去關懷去幫忙

超出能力只好祝福他們

行善助人不要介入太深

值得同情

但你無能為力去承擔他們的業力

把一個小城市的幾萬戶貧民交給世界首富

幾年就吃垮首富

世界各地需要社會經濟繁榮

窮人自然消失

剩下發生急難的就好辦

公益事業用心也要用智慧

分享行銷理念

~~~~~~~~

阿隆成大三年級開始大量閱讀

對群眾心理、行為語言、觀人術、銷售技巧、演說要領、思

想本質等極感興趣

43年前在復盛公司任職銷售工程師

產品從數拾萬元到數百萬元

40年前創業代理進口電腦售價50萬元起跳

更是拜讀許多相關知識

若沒能力把產品銷售出去

公司就得解散

被生存壓力所迫實在無法享受行銷的樂趣

現在和一群志同道合者做公益

將愛心行善濟弱扶傾的理念

感召更多人共襄盛舉

快樂無比

行銷最高境界是姜太公釣魚

愈是崇高的理想

只要一展

賢能者自然共享盛舉

所有企業家都是行銷高手

更佩服他們照顧所有員工的家庭生計

分紅給投資者

卻奉獻出自己的生命自己家人的美滿幸福

大家千萬不要嫉妒有錢人
說不定你過得比他們更幸福
共同珍惜

天下無不是的父母

張文溫學長 20 多年來為高雄中學也為牡丹天主堂
提供許多教育資源，如今陸續開花結果
無論城市或偏鄉
每個人出生時無法選擇父母
父母對子女一生影響深遠
人生遇到貴人改變了命運
牡丹石門天主堂，第一屆遠距學童
今年考上北醫大高齡健康管理系
讓我們更明白弱勢家庭的孩子需要那些協助才能扭轉人生的
命運
有餘裕的愛心人士大家一起來幫忙吧！

邱董

致力保存維護振興大稻埕迪化街的邱董
是花蓮高中第一屆傑出校友獎得主

幼年家境清苦勵志向學
任教歷史 事母極孝
背著人瑞高堂上下四層樓
近二十年來熱心公益
結識志同道合地方父老致力老街活化
他將新居提供銀髮族共食、養生、名人開講之公益用途

他很開心說他的朋友群
最近有誰誰誰各捐多少億出來
有位買了4千張航海股賺翻了
奉獻幾億也是應該
祝福這一群樂善好施的殷實富商長命百歲
造福更多人

勇者永順

30年前我國喬電腦股東
司徒達賢教授推薦阿隆到政大企家班
被30位企業家推舉為班長
每位都是阿隆佩服的經營者
大家上課三年互相觀摩學習
也幫助同學在大陸低價買到大片土地建廠
有同學曾問我三位好同事一起創業分工管理公司經營

我建議有雄才大略自己再依自己的理念獨立經營

30年下來莊永順董事長事業志業成就非凡

他以70多歲熟齡40歲的體能

5歲的赤子心完成環台愛心壯舉

是我與有榮焉的好同學

他也是我們10年前創立無名氏分享園區的共同創辦人

傳福訊

常遇到有人來感謝，阿隆會問原故

有的說大學時聽我演講，照做果然有成

有的說1980年聽我鼓勵多學一項新專長電腦，在美國矽谷發展順利

有的說聽我在世貿中心在中央圖書館聽我分享如何創業如何到大陸發展

有成功者獲利甚豐，單土地轉售就賺十多億，知道我在行善要捐錢

我告訴他們我不接受捐款

你們記得每次演講我最後都說如果聽我的話而成功

請把獲利的一成自己拿去行善，報答上天也為自己積後福

錢是賺不完的

多的用不完的分享給窮困的世人
大家都快樂

聚富濟貧

昨天企家班同學正利兄來電
說他十年前就準備
召集已發達的企業家
為阿隆成立具體的慈善基金會
讓富人每年捐款共同濟弱扶傾
大家信任王興隆，一起去做公益
他希望阿隆有生之年
集合富有愛心的人做好事
繁榮社會企業不接受捐款
所有志工快樂行善
企業家聚富行善基金會
除專業工作人員有薪給
其他都是無給職的榮譽善士
機緣成熟自然誕生濟世

時也命也天選之人當仁不讓

我們的同學親友都是天選之人
在各領域發光發熱
被賦予重責大任就當仁不讓
為人民員工服務是一棒接一棒
時運來了全力以赴
交棒時候給予接棒人真誠祝福

阿隆未實現的，龍龍都能完成
上天給的名和利，不是供你自己獨享
而是託付你造福世界
我在交棒之際
囑咐龍龍要有恢宏的格局服務天下

成人之美

鄭光遠學長當過陸海空多家公司董事長總經理
每次遇到阿隆都很禮貌致謝
畢業時阿隆介紹他到復盛奠定嚴謹的工作信念
還有多位上市公司董事長40年來聽阿隆演講鼓勵轉入電腦資
訊產業發展
買地蓋廠致富

大家奇怪為何阿隆不成巨富
我志不在富貴
看到朋友無中生有白手起家
其樂無比
以後看龍龍的表現就知道
聚集龐大的資源
為人間造福
是有可行的章法辦得到

錢財是身外之物

做人做事的工具
不好好用來利人利己只顧以賺錢為樂事的人居多
學校考試分數高低
提醒我們書讀懂多少
好知道改進
竟有人不擇手段取得高分為樂事
也有人因為分數殿後懷憂喪志
阿隆為各企業主引路助他們創造大格局
今日為愛心人士引路助大家直接領受天賜財富幫窮人賺錢
阿隆接待過的世界首富捐出巨大財富也只能救助一些人
要為人類祈福一定要靠數十億人的自立自強
我們有天賜善款就從台灣做起 來日必能行善天下

變局的考驗

接到張瑞雄校長邀請

為台北商業大學師生分享人生所思所見所聞

有感台灣致力發展半導體的策略對民生經濟商業乃至百業即

將產生鉅大衝擊

貧富差距將擴大

人力短缺、能源消耗、物價上漲、地價房價狂飆、薪資提升

都是新的考驗

若不能均衡發展，三成受益七成受困

弱勢族群要有更多愛心人士來關懷濟弱扶傾

使社會能和諧共享樂利安康的新時代

這場演講變得很重要，祝福孕育富商的大學，造就更多富有

愛心的富翁

人是萬物之最靈

龍龍是專業研發仿人機器人

要達到跟人一樣可能是半世紀以後的事

人有學習能力，可以從事許多工作

生活與工作環境健全下

人要養活自己養活一家不是難事

較有能力的人可以發展附加價值較高的產業

提高每個人的產出價值
並得到更理想的待遇
從這方面為人增富
愈多人收入增加後
增加消費意願
更多人提供他們所需的
到處都是就業機會
窮困者以己身之力就容易脫貧脫困
大家的濟弱扶傾的愛心資源
啟動那最靈的本能

善的種子

阿隆一生直接間接引領有緣人成就人生使命
當他們圓滿一切
我也達成任務
現在我幫自己兒子
引介成千上萬的助緣
和他創造安和樂利的身心淨土
將人間龐大的資源做幸福的重分配
一個人再有權有勢孤掌難鳴
眾志成城禮運大同

密碼

汽車儀錶上的數字
10年跑了40萬4千零4拾公里
耗油平均1百公里8.1公升超柴
坐在車上時間長達半年以上
台灣繞了400圈
載著物資上山濱海
杯水車薪略盡心意
心有餘力不足
龍龍
以我為鑑
善用天下資源
方能解人間困頓

時不我予

以前自恃年少運動選手身強體壯活到 80 多歲絕沒問題
沒料到後來遭遇大小劫難有五次差點沒命
今年 4 月心臟衰竭成大醫院李柏增醫師以及卓越的醫護團隊
將我從鬼門關救回
我請上天稍等收回我的小命
每天一件接一件

希望接棒者一一浮現
希望至少有一萬多個希望的火苗被點燃
在我告別人間前告訴後起之秀
人生是什麼回事
祝福大家中秋節平安快樂

巡迴演講
決定從台灣北部往南再往東一圈
時間長短 1 小時到 3 小時都可

演講時分贈有緣的後起之秀
葉倫會老師著作《台北孔廟文化之美》
張瑞雄校長著作《張瑞雄校長文選集》

演講內容
如何尊師重道
如何經營人生
如何為窮人賺錢
如何實現夢想造福眾人

引燃後起之秀希望火苗
服務社稷繁榮社會濟弱扶傾
我都做得到
你一定能創新做得更好

演講迴響

今天聽到這場演講之後，我覺得我比較可以稍微替別人著想，就是會有那種想去幫助別人的心情，然後之後如果賺到自己的薪水，可能有餘力的話也可以去幫助別人。

聯合大學／張惠媛同學

我覺得王老師他在「擇善固執」，我會覺得他在幫助別人的這個心，是從很久以前然後一直延伸到現在，甚至是把這件事情擴大變成一個志工的團隊，也去幫助到更多不同、可能比較困難的族群。我是覺得「把善良擴大」的這件事情這是我很敬佩他，也想要向他學習這個部分。

聯合大學／陳衍鴒同學

我印象最深刻的就是「感恩」，所以我要先來感恩我今天在這場演講學到的東西。因為我算是偏鄉長大的小孩，所以我很清楚這種城鄉差距的影響力，所以我希望如果以後我有成就的話，我也要像我之前的恩師或是像董事長這樣子，能夠回報我的家鄉。我事業有成的話，我會撥一部分出來回饋我成長的家鄉和學校。

聯合大學／林郁鈞同學

我覺得「助人為快樂之本」，之前高二的時候，我就有去我們家鄉三義衛生所服務。我覺得幫助許多老人或是弱勢群體，讓我會覺得很有成就感、很開心，就是投入在其中。

聯合大學／王儀涵同學

　　今晚謝謝學長回母校演講，從學長分享許多的故事中，體悟到真誠待人、做事無私無我、行善積德，不代表一輩子都不會遇到不好的人事物，但最後的結局一定是好的，這帶給我很大的希望，讓我未來無論身處逆境或迷茫之中，永遠不要失去希望。

成功大學／謝馨瑩

" 迴響：屏東縣政府 邱黃秘書長 "

　　我也是成大的，我是76年畢業的，到現在也30幾年了，我是這二、三年認識王董事長的，雖然沒有說常常見面，他在台北，我在屏東，不過因為有加入志工團，所以我也學會怎麼去做一些人家所謂的「善事」了。

　　其實我覺得最大、最簡單的體會是：善事是隨時都可以做的，也不是要很有錢才能夠做，也不是說要到怎麼樣的地位才能夠做什麼事，我覺得我最大的感覺是在

這裡，隨時在你的工作上、隨時在你的崗位上、隨時在你的生活中，其實都有很多可以付出的機會。這個是我覺得跟學長在一起這幾年我最大的收穫。

......

我再做一個小小的分享，就是「真誠」真的很重要，真的是很基本的。除了我們真誠的對待周邊的人之外，我覺得你要真誠的對待自己。剛才王董事長講到一句話：「當我們真心想要做一件事情的時候，尤其是懷着一個善心的心情想要做一件事的時候，全世界的資源都會來幫助你。」大家也要真心的對待自己，自己有困難的時候，自己覺得需要別人拉你一把的時候，你也不要悶在心裡，不要自己怨天尤人，那沒有用。學校有很多老師、校長、還有老師、校長認識很多的朋友，自己有困難的時候、需要人家幫忙的時候，講出來沒有關係，當你自己想解決自己問題的時候，自然力量就會來了。我先做這樣的分享，也祝福在座護理界的尖兵們，未來都有很光明的前程和美好的生活，謝謝各位。謝謝。

＂迴響：美和大學鄭校長＂

董事長剛講一句話，我也是心有戚戚焉：「上帝不是會計師，他沒有辦法算你賺多少錢，他是怎麼算、衡量一個人？就是衡量他這輩子幫助過多少人。」那個才是最有價值的。

" 迴響：聯合大學林院長 "

王老師的演講裡面有兩部分很有趣——他實際教你存錢理財……看起來好像是一般人在談理財的方法，可是的確要做到很不容易，也就是說你是為了要扶弱濟貧去致富，這個時候「心」才會定，那種理財方式才有辦法去依循。他的想法契合我們所學的「基督新教倫理精神」，將宗教觀念和勞動觀念結合，這是很有趣、很有意思的致富心法。

" 迴響：中正大學艾所長 "

剛剛同學的問題我補充一下，其實成功的定義每個人都不一樣，有些人是定義說你要賺多少錢，有些人定義說我的家庭要多美滿，有些人定義說我要回饋社會多少……其實從「社會責任的階級論」來說，一般企業家在滿足企業社會責任第一階，也就是滿足他經濟的要求，我至少讓公司不要倒閉，讓員工可以幸福的過日子。第二個要求符合法律，我們都要符合法律的要求，因為社會進步法律的要求會越來越嚴格，像過去企業如果排放廢水，可能不會對你有什麼要求，可是現在我們有要求的，你必須要符合放流水的標準，然後接下來就是企業社會責任，要符合倫理的責任。這個也是因為時代的變遷，我們在管理學院裡面就產生很多對企業要求

要符合哪些倫理的責任。

　　第四個，最後一個是慈善。也就現在王董他現在在做的，教導富人怎麼把你賺到的錢回饋到社會上去，而這個回饋其實它不是透過企業在回饋，他們透過一個組織或是透過一個基金會、或者透過個人在回饋社會。所以其實每一個階段你都有不同的成功的定義，都可以符合成功的定義，但是我覺得像王董現在做的應該是屬於企業社會責任的最高階段，就我來看，他是一個相當成功的企業家，真的很謝謝王董事長。

　　我發覺我在他身上也看到了一個很棒的特質，不管你以後要創業，或是在企業裡面從事工作，其實你從王董到日本去拜訪「AI株式會社」，其實你會發覺專業能力，有時候比不上態度，其實王董的專業能力不是不夠，不是什麼都不知道喔，而且他是成大工學院畢業的。所以從某個角度來講，他一定有一個基本的專業知識，但是在他身上你會發現，你看到的態度其實比專業能力更重要，在他身上你看到一個很棒的特質——「謙虛的特質」跟「服務的精神」。利潤，光看他的創業宗旨，恐怕在他創業的過程當中不是很重要的。但是我相信這後面應該有一個很重要的特質「信仰」，這個信仰可能對他來講大於一切，變成一個人生非常重要的引導方向。

　　真的很難得王董事長今天很精彩的分享，我相信今

天的演講應該會給大家帶來不同的省思和不同的反響。在我們這裡我們再熱烈的掌聲謝謝王董事長。謝謝大家。

" 迴響：中科院孫副處長 "

我們圖書館因為章先生的引薦，邀請到王興隆先生來替我們演講，之前我個人也還不認識王老師，就上網去瞭解，這一搜尋不得了，發現網路上全都是王老師一堆公開資料。

王老師年輕的時候就是運動健將，除了功課好、運動好，出了社會之後，他的工作又很有成就，包含在國喬電腦上的偉大成就，他降低了整個中文電腦的成本，讓台灣人可以用到便宜的、普遍的中文電腦，這是在企業界裡面一個比較偉大的貢獻。雖然他沒有因為這樣子去賺了一大票的錢，跟比爾蓋茲一樣，把一堆的錢收到口袋裡面，但是他沒有賺進口袋的錢，讓台灣所有的中小企業可以用比較低的成本去執行它的企業經營。其實對全部的，不止台灣，可能整個中文電腦的使用者來講，都是一個很偉大的福報。

王老師從國喬電腦離開之後，他自己創了企業，他也不是在賺錢，是在服務大家，專心地在做志工。剛剛我和王老師在貴賓室休息的時候，王老師發了一張名片，上面就很簡單寫著「志工」兩個字，我覺得這真的

非常偉大，縱然他年輕的時候這麼有成就、學歷這麼好，可是他後來在做自己喜歡做的事情，帶領團隊在做社會服務的時候，他的名字只有兩個字「志工」，我個人覺得非常的佩服。

"迴響：成大林學務長"

謝謝興隆學長分享，聽演講時隨手記下很多筆記，我發現可用4個字「成就共好」來總結，大家有沒有發現興隆學長好像我們今年校慶90週年的「藏行顯光，成就共好」最佳代言人，不同的故事，我寫下不同的註解。比方說夥伴很重要，大家都應該勇敢走下去，不管有沒有自己庇佑的守護神，每個人都有自己的天命，然後順著自己的天命往前走，這樣心存善意、不算計他人，要勇敢、要有服務他人的熱忱，看到興隆學長的勇敢、反應跟機智，所以能成就共好，我覺得這件事情蠻重要的，也是我們成大很重要的精神的代表。

學長最後還告訴我們一個致富心法，就是我們將第一份薪水每月十分之一累積，積少成多，成為投資理財的第一桶金，但這個過程中，我們不要忘記還是要幫助他人，跟其他人一起分享。學長也是我們田徑隊最棒的精神支柱，只要有什麼事情跟他講，他就是很熱誠的跳出來，幫忙解決問題，我想成大人都有這種更好的精神，大家攜手前進，就像學長第1年那20個懂電腦的

人，最後一起變得更好，也希望這樣的校園的氛圍，然後，大家踩著學長的步伐，每個人都依照每個人的天命往前走，就能走出最精彩的自己。

致富之道

大學畢業以後，你找的第一份工作，不管你的薪水多少，請你那一天開始，存下1/10。當你憑自己能力付出得到第一份薪水時，請你先感謝上天，請抽出十分之一當你的神奇寶貝。以後有任何收入都留一成，不要小看這一點錢，十年很快就過去！賺的錢、該花、該用的都不見了！你存的神奇寶貝就可以展現神奇的威力，大多數人在職場用十年工夫成為管理階層，是靠勞心勞力去賺錢。

小時候，臺南歷代首富的子孫都跟我是同學，我就聽長輩在講：「阿隆，看你將來應該比我們更有錢才對，大家都形容錢是四條腿，人用兩條腿去追四條腿，很吃力；當你四條腿去追四條腿，才會省力。」我在這邊翻譯一下，也就是你剛開始的時候，你是以你的勞力、你的青春、你的時間，很辛苦的去賺那一點點薪水，你好好打拚，10年之後，你大概會升為主管。同時，你會發現突然，存款裡面累積出一整年的薪水收入，那就是你的神奇寶貝，不管你去買股票或是買房地產等投資，只要不要投機，再繼續努力10年，神奇寶

貝陣容有了規模，就可以用錢去追錢，就比較容易且能迅速致富。

職場奮鬥前半場，人生財富的累積是很緩和的；但是到你人生最後階段時，財富累積是會陡峭上去的。臺北市身家財產超過一億以上的有20幾萬人。我相信各位身價財產應該不只一億而已，只要你不要吃喝嫖賭，你正當規矩、好好的努力，把這一生安排得很妥當，相信你將有可能是億萬富翁。而且，我相信聽我演講的人，會比其他人多做一些幫助窮人的事。人與人之間都是一種緣分，你幫助人家，你就是在幫你的後代子孫積陰德，這是千真萬確的。

我在其他學校傳授這個致富心法的時候，請他們跟我一起宣言：「今日，我聽了王董事長的演講，因而在20年內變成富翁，我一定把我財產的十分之一，造福鄉里、濟弱扶傾、回饋母校。」我已經邀請我兒子，20年後召集各位來做個驗證。當富翁並不難，但要當個有愛心的富翁才可貴。

圓滿人生

我們經營事業到了極致之後，你很有錢是必然的。但是你有錢以後，能不能把你的錢做最有意義的用途？你是否跟一般的富翁一樣，把錢全部交給你的子女？

事實告訴我們，那是錯的，因為當你交給你的孩子是幾億元的時候，他想：「天哪，我一輩子能賺這麼多錢嗎？」

既然不能的話，乾脆我就享樂吧。於是你看街上開超跑去撞車、去撞死人的，一堆就跑出來了。祖上積德，不是在積「錢德」。你有錢，你把錢留給子孫，子孫不會去做善事，不曉得去做好事情，無形中只會把錢傷害到他自己。

所以趁你有意識、有權做主的時候，你把錢去做有意義的用途。什麼叫有意義的用途？你去興學、你去幫助窮人、你去做各種慈善的事業，這種都是很有意義的，你帶著你的子女去做，你的子女才不會把你的錢去揮霍，他會珍惜手邊所有的資源，這樣你的人生功課才算圓滿。

人生在世難免一死，你的成績，不是閻羅王或上帝看你有多少錢，而是看你在這一生中幫助過多少人。上帝不是會計師，他沒有辦法算你有多少錢，但是，他可以算人頭，算你幫助過多少人，這是一個比喻，看你有沒有好好地把錢去做有意義的用途。

公益福袋箱

我們每個月都有公益福袋二百五十箱到五百箱開放認購，你想要送哪個辛苦的家庭，可以自己買自己送，也可以依志工推薦偏鄉的地方育幼院、孤兒院，拜託公司用宅配的配送過去。

每箱福袋裡有將近20種物資，這些物資需要裝箱，都是我們志工自掏腰包交通費自理，有的是從新竹、有的是從台

中⋯⋯很高興的過來台北協助裝箱。

我個人認為這些生活辛苦的人，也應該嚐嚐人生的好滋味。所以我們裡面用的產品像米，用的是一等好米。我在別的地方演講時，有時聽眾回應說：「喔，我們從來沒有吃過一等好米，都只有二等米而已。」還有在地的純釀醬油，不是化學醬油，也沒有添加防腐劑；肉鬆是使用溫體豬的豬肉，不是萊豬、還有八寶粥、麵、黑瓜、番茄汁、大燕麥⋯⋯另外還有「抹草香皂」，這是我個人的祝福和心願，抹草自古以來是避邪除穢的吉祥物，我希望這些很辛苦的家庭可以藉由這個香皂轉好運，讓他們朝著理想改善生活，將來也都能過著更好的日子。

這些需要的人拿到公益福袋時都很開心，因為一箱福袋可以供他們一家吃一個禮拜到十天，足夠一個小家庭維持10天的日常生活所需。若有風災、水災就剛好可以應急。一般人在救濟時，不是來車子一卡車的米，就是來一車子的水，多半是單項多量的，不像我們這樣，都先幫大家考慮好，所以很方便。我們默默地做了6年多，不知不覺我們就送出了3萬多箱公益福袋，一箱是1000元，幾乎是工本費，3萬箱就有將近3000多萬，發給各孤兒院以及社福公益團體。

曾經有一個颱風，把台東某個村整村全部摧毀掉，我們馬上送五百箱的公益福袋過去。因為那邊斷水、斷電還斷路，承台東的地方法院地檢署用公署的交通工具轉送到山地的部落給受災戶，他們拿到的時候都覺得好幸運，紛紛詢問到底是哪一個團體？我們默默地做了這一些事情。

單親媽媽

　　這個世界最值得同情幫忙的族群是誰？我覺得是單親媽媽，因此我從20年前，就自掏腰包幫助她們。我了解單親媽媽的可憐，孩子還小，先生也許因病就過世，這已是很大的打擊，有的是先生犯錯被關……家裡的經濟重擔，就落在一個婦道人家的身上。本來這個母親都還有工作，突然變成要照顧小孩沒辦法工作，只能去打零工。她的經濟收入降得很低，小孩又嗷嗷待哺，有的小學……在在都是需要營養品、需要學費，而他們必須教養孩子到能去謀生。

　　人是很堅強、很有潛力的。最怕就是她感覺到這個世界好像幾乎沒有希望，當她放棄了自己，後面就都沒有機會了。如果在她很辛苦的當下，你給她一份關懷，她會覺得冥冥之中好像上天知道我很辛苦，自己也要更振作。實際上只要她振作起來，就不覺得苦。這樣子的話，一個人得救，她的孩子也同樣得救。這是我們一個愛心的祝福。

　　我覺得老天爺在考驗，倘若當時我成為首富，相信一定可以幫助更多人。不過不要緊，給我什麼樣的條件跟環境，我都當作是要我勇於承擔及克服的考驗，而且現在我不但有140位的股東支持，還有志工1000多位為後盾。

信使

2021年第四季
老爸在各校演講
教導同學們在50歲前成為億萬富翁的心法
並請他們達成目標的人
屆時找我兒子龍龍王啟倫報到
述說阿隆說的是真的致富之道
而且他們全是樂善好施的富翁
我們是提早悟到世間法則的人
助人脫離苦難困境
造福安和樂利人生
都是致富之道
財富是動用資源的信用工具
這些信守承諾向你報到的人
就是見證世間法的使者
你屆時已是一甲子年歲
你可號召這些有愛心濟弱扶傾的信使
共創幸福的人間淨土

龍門典範人物

作品名稱：天行健，君子以自強不息；
　　　　　地勢坤，君子以厚德載物
作品別名：《易經》
外文名：The Book of Changes
作者：周文王姬昌
創作年代：西周

　　「天行健，君子以自強不息；地勢坤，君子以厚德載物。」意謂：天的運動剛強勁健，相應於此，君子處事，應像天一樣，自我力求進步，剛毅堅卓，發奮圖強，永不停息；大地的氣勢厚實和順，君子應增厚美德，容載萬物。

　　　　　　　　　　　　　　　　　　出自《周易》。

（一）葉倫會老師

　　創辦海關博物館，第一任館長退休後，20年來創造1400場台北城市200多年大街小巷名勝古蹟與人文發展事蹟導覽，致力協助民眾認識台北古往今來貢獻良多。

（二）張瑞雄老師

　　中華民國資訊科學家與教育家，出生於臺南市，畢業於國立臺灣大學電機系畢業，並在國立清華大學計算機與管理決策研究所獲得博士學位。曾任國立臺灣科技大學教授、國

立東華大學資訊工程學系教授、國立東華大學學務長、副校長，後任臺北商業大學校長。

2016年榮獲美國總統終身成就獎與史懷哲人類關懷獎。

（三）簡文秀老師

是繁榮社會企業創業登記第一號的股東暨志工，是非常有愛心的慈善家、聲樂家、教育家是後起之秀見賢思齊的典範。

曾在美國布希總統就職慶祝音樂會中獻唱，獲頒「國際音樂獎」；也曾在加拿大、英國、希臘、日本國際聲樂大賽中，獲得2個首獎及4面金牌；於2016年獲總統親頒社會特別貢獻獎及教育部推展本土語言傑出貢獻個人獎，2018年榮獲第13屆港澳台灣愛心獎，這是兩岸四地愛心奉獻的最大殊榮；2020年榮獲第19屆金舵獎，是簡老師長期關懷監獄受刑人的卓著貢獻特別獎！簡老師常說因為有葉董的支持，讓她可以無後顧之憂的做公益，非常謝謝葉董！

（五）周瑞雲校長

歷任台北市南門國小、博愛國小、永樂國小三所小學校長，春風化雨一生青春奉獻杏壇，獲獎無數，有教無類作育英才桃李滿天下，退休後仍當志工濟弱扶傾。

（六）趙雄飛先生

一生奉獻國家，外派中東協助友邦通信建設，返台後投

入台北捷運建設維修營運管理，出任海外捷運顧問公司董事長，退休後參與各項公益活動，10多年與全體志工快樂濟弱扶傾服務熱忱令人感佩，龍門典範人物實至名歸。

2031 年

　　水晶獎座設計的老板問我：「王啟倫老師的日期錯了！」

　　阿隆說：「沒錯！2031 年。」

　　2021年頒發了三位龍門典範人物：葉倫會老師、張瑞雄老師、簡文秀老師，他們都是很有毅力為這世界永續奉獻的實踐者，天行健君子以自強不息，願天下後起之秀見賢思齊。

　　阿隆望子成龍，兒子啟倫出生我就叫他龍龍，成長過程不曾打過他也沒責備過他。我預先幫他準備十年後要頒給他的獎座，希望他能師法葉老師的偉大精神造福世界，我徵求倫會老師同意，十年後我若在我來頒，我若不在葉老師來頒獎給啟倫。我期待他造福這個世界，號召群賢同心協力，讓地球進入太平盛世，這是當父親對兒子的期許，龍龍一定名至實歸。

葉老師回應：

　　親愛的興隆老師

　　晚上在無名氏分享園區群組看到龍門典範人物的獎座和

您的信。

我的眼淚悄悄的掉下來。

腦海浮起：「我們都很善良，神明會保佑我們平安、健康、快樂、幸福。」

您一定會長命百歲，為台灣這塊寶地的子民做更多有意義的事情。

王啟倫老師的龍門典範人物獎座一定由您親自頒發，期盼屆時（2031年），我有機會為出席朋友舉行的史蹟巡禮擔任導覽和觀禮。（2021.8.12）

寧靜的空間

這是16年前嘟嘟讀台大城鄉所碩士論文
她探索人人都享有個人的寧靜空間
阿隆的生命體驗
從交往過數以萬計的大小朋友
每個人都希望生活在安和樂利的環境
大家隱惡揚善真誠互信
和樂融融
阿隆呼朋引伴
努力實現大家的心願
心靈上的樂土
每人都是真善美的天仙

我們是無血源的一家人

有緣來當志工濟弱扶傾
凡長我者皆是我長輩
同輩皆是手足
晚輩視為子女
有公益我們一起做
有喜慶大家給祝福
遇困難有貴人提點
矜寡孤獨廢疾者互相關照
我們雖是小康人家
樂善好施的群體力量很可觀
造福世界人人有責
繁榮志工是我家人

繁榮安居網

孩子大了
自己年歲也大了
朋友一個一個回去了
我們繁榮志工有志同道合
不僅濟弱扶傾還互相關懷
每個人洋溢人性光輝

光明磊落
已成安和樂利人間仙境
我們繁榮志工社群是示範
我們做得到
各地方也都做得更好

懇切歡迎

歡迎志工引薦朋友加入志工群組
務請能自我介紹，讓大家認識您
群組成員共識是愛心快樂行善
善待每一個人
不論身份地位多高
財富百億千億的人
都很謙虛在群組裡
各位分享引述資訊都先加篩選
有指正請理性提示
不用情緒性字眼批判
濟弱扶傾不分宗教黨派
無私付出無分別對待
本群組
政治議題宗教議題不適合
想發表的請找其他地方

志工談心

依例請志工們暫停工作
阿隆和大家報告
首先請新志工自我介紹
有位很優秀的成大台大學妹
向大家致意
阿隆說
志工們都是各領域的專業人士
臥虎藏龍
在妳旁邊有的是帶過成千上萬人
有的是上市公司的老董
有的是教授老師校長
大家奮鬥一生
無論成就如何
身心靈或多或少都受傷過
但都有一顆愛心為世人奉獻
以往我們精明幹練
求真求完美要求嚴格
現在做善事心態宜
輕鬆自在量力而為
不求業績不求名利
善惡是非好壞對錯
用寬容的愛心化解對立

我們組裝的公益福袋

送給陌生但有需要的弱勢

不分宗教政治信仰

阿隆深受大家無私無我的精神感動

感恩各位天使各位菩薩

舉目無親別離群

我們志工有人都沒家人了

可說舉目無親

阿隆竭誠鼓勵他們把這裡所有好人當家人

阿隆辦的活動都是無分別對待一律平等視之

只要有登記就能參加

都不收費

因為都是上天請客的

大家別怕阿隆吃虧

我只是不擅長考試

其他都有天賦能力

愈是無利可圖的

沒人願做的

都是阿隆的任務

一件又一件很開心完成

謝謝你們把我當家人

不管叫我大哥、爺爺、王董
其實我只是 5 歲的淘氣阿隆

大家共同珍惜

我們大約只叫得出幾十或頂多幾百人的名字
還有 2 千多萬人與我們共同享受所有的一切便利
這要感恩每個人的努力奉獻
我們每位都在做自己認為對的事
人非聖賢但可勇於改善
我志氣沒各位宏偉
但有心幫助需要扶持的弱者
祝福他們扭轉人生和我們一樣安和樂利
感恩大家一起成就美好的台灣

遠親不如近鄰

阿隆常說我們志工真有緣份才聚在一起
在許多平行世界也在一起只是扮演不同角色
阿隆待大家親同手足
手足有時一年見不到幾次面
我們志工每個月聚會

各時空都是心在運作

心善心寬時空祥和

心急心煩甚至被激怒

那時空怎會平靜

有志工問似乎被暗黑力量所困向阿隆求助

我只是凡人不能驅趕心魔

向最崇敬的信仰虔誠祈福

要求在合理範圍內

上天慈悲會祝福的

脫離苦海要感恩

最好的感恩方式就是行善

行善不需非得花錢

善的信念讓人心善心寬

恩情滿溢

每位志工用自己的方式

和阿隆一起濟弱扶傾

要感謝的人很多

請容許我說出幾位做代表

感恩陳燦榮這十多年提供 2000 萬元行善

感恩洪英智提供 1000 萬元三年內幫助一千位單親媽媽

正在構思一億元方案英年早逝

遺愛人間走得無遺憾

感謝李亮箴邀阿隆出任

感恩社會福利基金會董事

學習每年補助 1 億元左右給 130 多個公益團體行善

阿隆到各大學傳授未來有愛心的富翁致富之道與濟弱扶傾方
法

希望大家獨善其身後能兼善天無愧此生

讓我們珍惜善待所遇到的人

這都是有緣的人

前世都是舊識

今世穿現代服裝重逢

一起多多行善不辱天命

幸福家園

每天早上吃兩顆水煮蛋喝一杯光泉鮮奶

阿隆洋溢幸福感恩大家的努力

經營事業及在各領域工作生產服務都有章法踏實過日子

每個人都能分享各自的貢獻

2千萬人若人人提升素養

我們將永續發展聯合世界各地人才造福全球

半世紀前環境動盪，我們勇往直前就業深造創業

沒料到今日傑出的企業林立，環境依舊動盪
我們陸續交棒
新秀該接棒開創新世紀
給世界人民幸福家園

江山代有才人出

天行健君子以自強不息
大江東去浪淘盡千古風流人物
江山代有才人出
各領風騷數百年
一代新人換舊人
百年國破山河在
多少冤魂多少窮困的百姓
求生求延續血脈
以各先進國度為師苦苦追趕
我們這代人證明事在人為
世界列強有值得尊敬的優點
也有我們不必有的盛氣凌人霸氣
後起之秀奮起團結吧！
踏在我們的肩頭
開創新世代的天下

火種燃起創業雄心

我們有位志工就讀大學

他的系規定每人要創業才能畢業

這引起阿隆的興趣

阿隆的眾好友多人當年

有的靠親人資助

有 10 萬元、20 萬元、30 萬元

就以自己在學校學到知識轉化成產品行銷市場

現在都是上市公司

40 年前做得到

現在也是能做到

創業模式各異

資本密集

技術密集

勞力密集

知識密集

創意密集

年輕人多半到各領域謀職就業

願意冒著失敗風險的想創新事業大多無起家的財力

年輕人只要出資少許

加上股權保障

讓公司成功時仍擁有經營權

這樣的創業成功機會很大

龍門基金可以視各創業計劃書所需的投資火種分

10 萬元

50 萬元

100 萬元

三種

成功機會大的

開放給龍門團隊志工投資

理想國

這是高度社會福利國度

人一出生就有一百萬美金的資源可享用

幼兒與殘疾人可由人性化的養護機器人愛心照護

年滿 20 歲者提供創業就業準備金

根據每人學習成長的記錄與興趣規劃 30 年職涯

每年個人創造的利得依比例收回最多為五百萬美金

提供為其他新生兒所用

超過五百萬美金多出的

由當事人在不破壞社會治安妨礙人權下

自由支配實現個人理想

極端氣候下的應變之道

圓圓攻讀雙博士
氣候變遷、大氣汙染都在其研究範疇
中國自古以來
改朝換代天災常是引爆因子
人禍伴隨而至
聯合國因應極端氣候要有更積極的作為
首先如何安頓全球的難民

規劃世界各國提供土地
由聯合國匯聚人才、資源
開發新都市
讓難民接受技能訓練就業自食其力
並逐漸融入地主國社會
這世界終究有能人來執行世界大同的任務

文明重建

地球人類文明重建機制要有
毀滅地球要有宇宙來的災難
毀滅人類文明現在的人就擁有這能力
而且正在各地發生

選幾處建立地殼安全世界

有確保千年供應不絕的能源

各種生產設施、物資、教育、各種專業人才、物種都有計劃

的將人類文明延續下去

這套書將許多設備運作的零部件以剖析圖呈現

阿隆買了 5 套送小偉人們

3 歲培養立體空間概念

我們汽化不見後

他們這一代能打造地底城市

為重建人類文明做出貢獻

粽香飄

兒時在台南農校教職員宿舍住了 6 年

每戶都是榻榻米高約 60 公分

有矮方桌充當飯桌、書桌

有壁櫥靠在整面牆

可放衣物棉被

有隔音作用

沒有廚房

幾十間宿舍用長廊呈田字串聯

西北角有聯誼廳，東南角有公共廚房

十多張桌子可整理食材

十多個爐灶供炒菜

端午節前夕

來自大江南北各省的媽媽

都精心包家鄉風味的粽子

阿隆到廚房繞了一圈

許多媽媽都送一個給阿隆

阿隆夢想中的長壽社區就是兒時印象擴增

隨著光陰消逝

幾十年的夢想何日成真？

50歲的夢想

找100公頃以上的地

蓋2000戶迷你村

志同道合的朋友集資興建

10多年前去日月潭和車埕勘察

300多人興高彩烈踏青去

李建復帶太太開車來參加一天活動

孫海先生的五位公子有二位出面接待

大家還在車埕車站軌道上

背誦《桃花源記》

美好記憶蔣志青製作成影片

曾經用心規劃

適當的土地真難找

風景好的申請建照要蓋200多個章

大家各種需求紛紛冒出

最後放棄才成立

繁榮社會企業直接去做公益濟弱扶傾

大家都有不錯的房子

就沒需要花錢另買新房子

阿隆努力過

這就在平行世界去完成

可能今世最遺憾的事

阿隆 20 年前夢想一千戶的長壽社區沒實現

以成本價為好友們提供晚年的安身處

廣濶的園地依嗜好分區

輕鬆創利分享互助

安渡暮年終老

仍保持快樂行善

中心點平常是 24 小時供餐的體育中心

急難時可做受難人庇護安置中心

我們都是現場服務志工

說不定有個平行世界的阿隆已做到了

不然怎麼那麼清楚？

留給龍龍的老吾老以及人之老願景

今天先告訴龍龍
我斷氣前講的最後一句話

我對這一生有這麼多好友
非常感恩和滿足

為大家打造200公頃的長壽村
努力了
找不到適合的土地
浪費了20年
沒實現的願景
我知道它是存在未來的時空
不賺大家的錢
讓幾千位善人在晚年
仍能有強大的願力行善天下

Appendix

附錄

Race Prosperity

開心的一天

阿隆今天的產品發表
是精心設計製造修改測試35年正式公開發表的龍龍
他完成博士學程
職場受器重
定下心要認識有緣的對象
結為連理共築幸福家庭

大家問龍龍希望女方具備的特質
龍龍回答
個性習慣能合得來
不喜歡太強勢的人
最重要是價值觀

大家問何謂價值觀
龍龍請阿隆說明

阿隆說
我們為實現至聖先師孔子
禮運大同篇的精神
繁榮社會
濟弱扶傾
造福世界

龍龍允諾

今生以科技創造財富

在50歲就將財產撥出一半用於濟弱扶傾

若到時候太太捨不得這麼做

所以提前避免有不同的價值感

創造財富不難　難在提供財富幫助他人

我們若做得到　發財才有意義　不然太自私了

感恩綠農主人李秉宏黃美珠，熱情免費盛情招待志工們

阿隆致上2萬元紅包，因為不希望好友貼太多錢

相信在大家的推薦介紹下，龍龍的新娘子很快會出現

明年10月18日大家來喝王家喜酒

發表會

阿隆在台灣日本大陸美國各地主辦過許多場發表會

今天龍的報告是最新的一場

您家有適婚的千金

喜愛這樣的結婚對象

請和龍龍認識

有無緣份成為人生伴侶

彼此互敬互重

正式的介紹如下

王啟倫
台南人
血型 A型
嗜好 排球 彈鋼琴 閱讀
身高192公分體重85公斤
1988年10月18日
出生於台北
大姊廣州中醫藥大學中醫博士
在杭州行醫
二姊台大工學院城鄉建設研究所碩士
在台中市政府任職正工程司
三姊台大和美國紐約大學雙聯博士候選人

成長學經歷

興隆國小班長
再興小學5年級
榮獲台北市科展物理組第一名
全台科展第三名
再興中學科幻小說競賽第一名
籃球校隊隊長
和平高中榮獲國際科展第二名

代表台灣出席智利主辦愛因斯坦百年國際青年科展
畢業市長獎
台灣師大物理系第一名畢業
新竹清華大學動力機械系碩士
北京清華大學自動化系博士
吉利控股集團博士後主管工程師

立志成為世界級企業家
創造財富
繁榮社會
濟弱扶傾
造福世界

發表會迴響

興隆學長親自主持龍龍產品發表會
幽默風趣笑聲連連

龍龍誠懇分享大陸6年多精彩的人生經驗
攻讀清華博士
整合吉利集團
都是用心全力以赴

難得看到年輕人自信謙卑努力自學、深度思考如何彰顯與眾不同的軟實力

不藏私的人格氣度

展現大格局的潛力

未來成就值得期待

恭喜興隆學長37年的精品發表會成功

王啟倫首場座談－20230503

開場白：

平時工作經常和家裡視訊，父親發覺我身上有一些好東西，基於分享的理念把我抓過來，和大家分享。我自己是覺得我身上也沒有什麼太特別的東西，不過做為分享經驗、方法和習慣的話，一點我認為比較適合的是我不是那種很聰明、很會念書的人，我的起點很低，因此許多東西如果各位同學聽完要是覺得對自己是有幫助的話，應該是比較容易模仿。

1. 大學部、碩士班、博士班、博士後
2. 驅動力、學習習慣、運動規劃、階段產出、遺憾

首先解釋一下為什麼將驅動力做為第一項，最主要我認

為不管做什麼事情，內心的驅動力比任何方法、習慣都來的重要。學習、做研究、運動訓練都要耐得住寂寞、坐得住冷板凳，是否能夠在一件對你而言是正確、有幫助的事情上，持之以恆的去做，關鍵就在於內心的驅動力。很多事情其實道理大家都知道，只是每個人的落實情況不一樣。

第二是學習習慣，大家可能都已經很熟悉了。我這邊等一下也就分享一下自己每個階段的習慣，大家就參考一下。如果覺得比較有幫助、比較適合自己的話，可以在生活中去試一下看看。

第三是運動規劃，我認為不管各位平時有沒有擅長的某一項運動，都應該去培養一下運動的習慣。每種運動的性質都不太一樣，有些比較偏向社交、有些更為高效，取決於你的興趣愛好、以及你的時間要怎麼去分配。

第四是階段性產出，主要是輔佐前面所述的學習習慣以及運動規劃，大概就是學業和運動的成績、研究成果，來作為一部分的參考。

最後第五個是遺憾，這是對自己每一個階段的反思，很多事情我都是自己摸索過來的，回想起來總是覺得自己當時有些部分並沒有做好，這種遺憾會不時出現在腦海中，只能希望不要將這些遺憾帶往下一個階段。我覺得這部分是比較有價值的，所以特別跟大家來分享一下。

說明為什麼起點很低的原因：高中、打球、自廢武功、高二被當6科、高三下才開始念書。

〔大學部〕

　　驅動力：當時我認為自己基礎不好、成績不好是因為過往自廢武功、沒有認真花時間在上面，想要給自己一個改變的機會，讓自己在畢業的時候不要有遺憾，因此從2年級開始便全把大部分的時間精力都放在學習上面。

　　此階段的驅動力是一種目標為導向的驅動，目標是碩士班的學校至少得是台灣排名前4的學校。由於我的興趣比較廣泛，比起非常專精某幾堂課程的考試來申請研究所，我當時是決定自己要通過平時的修課成績來推甄入學。但由於大一成績只在班上的50%左右，因此我每學期要修多少學分的課程，每個課程應該要拿多少分都是事先算好的。

　　學習習慣：是在寒暑假時，提前買書預習一些內容，每週只要不上課的時候，幾乎都待在圖書館裡學習。當投入時間的量多到某種程度的時候，會自動不斷去嘗試尋找更有效的方法，帶來質的提升。

　　運動習慣：大一時我是被拉去打校排的先發球員，也是系排的先發球員，練球時間佔比挺多的。但後來由於評估自己的能力不足，必須要通過更多的時間來補學業基礎，因此大二以後留下每週二次的系排練球時間。

　　階段產出：最後畢業時除了物理系的課程外，也把機械系和電機系的必修課上完，總共202學分，總成績是拿系上第一。另外在系隊的部分，當時我們是打大物杯是拿了8次冠軍，也可能是因為物理不像機械、電機、資工那種大系人數多，因此冠軍比較好拿。

遺憾：回想起來就是有很多課程內容並沒有進行複盤總結，沒有按照體系化的架構去理解，以為分數考到了自己就好像已經到了那個程度，但課堂成績和有沒有真正去理解透徹所學的知識內容並不是總是掛鉤的。

另外還有一大遺憾是，我並沒有足夠重視畢業專題研究的內容，當時我只做了一個雙足機器人行走的仿真，但選擇復現的文獻用的是插值的方法，並沒有使用到太多所學的分析力學、動力學、機器人學、控制系統等知識。

〔碩士班〕

驅動力：當時在推甄上新竹清華動力機械所之後，其實內心的驅動力就減弱了很多。這就是目標為導向驅動的缺點，一旦沒有了目標以後，你的動力就會快速下降。因為當時我並沒有想要出國進修或出國工作的打算，覺得已經達到了自己與家人的期望，因此就像汽車踩油門後掛空檔滑行，能滑多遠算多遠。

學習習慣：這個階段沒有什麼特別值得的分享，碩一完成正常的課程，碩二準備畢業論文。主要可能也是指導老師沒有盯得太緊，週末的時間幾乎沒有用來學習或做研究，整體來說可以是過得滿舒適的。

運動習慣：一入學的時候，就被同學拉去打校隊。當時我覺得自己的能力足以同時應付學習和運動了，因此也沒有拒絕，就維持著每週練球2次的頻率。但這個頻率並不足以讓你的體能、球技提升太多，主要作用只是維持能夠打先發

而已。

　　階段產出：學業成績平均是4.15/4.3，以及1篇國際會議文章、1篇國內會議文章。但其實價值都不高，更多的是練習以及為了能夠畢業。倒是運動這部分的成績比較好些，碩1時先發隊員打大專聯賽一般組前三名好像，碩2時則是先發隊員和體資生一起打大專聯賽公開1級，對手都是什麼台師大、中原大學、國北教大的體保生，最後拿了第8名。

　　遺憾：首先是在實驗室沒有去做到和機器人相關的研究，做的是和控制科學與工程相關的動態次結構系統的控制，也就是硬體迴路測試中的控制。但其實只要我肯投入更多的時間，其實是有機會轉換課題的。

　　另外一大遺憾是，我把到了新竹清華念書當成了自己的一個天花板，對于國際科學研究的趨勢與走向並沒有很關心。另外有時候在實驗室和同學們一起打遊戲雖然當下很開心，但回想起來確實消耗了不少時間。這也導致了我之後再也沒有再繼續打遊戲的習慣。

〔博士班〕

　　驅動力：當時在服役時我就一直在思考接下來人生的方向應該要怎麼走，比較大的概率是國內就業。之所以最後選擇去申請北京清華大學的博士班，有一半是因為吳大猷科學營認識了一些同學。

　　介紹申請自動化系機器人實驗室，入學後的驅動力來自在追趕實驗室的同學，到後來與實驗室同學之間的較量。

學習習慣：介紹工作日誌Excel文件，介紹北研所與學校實驗室，介紹與同學協作開發機器人，介紹沒有所謂的週末，介紹RoboCup、介紹熬夜做實驗、介紹北研所與深研院的內部競爭關係（技術交流的故事）。

　　運動習慣：雖然打一般組校隊先發球員，但就是在吃老本，偶爾週末某天下午或晚上出去校外運動打一次球。平時在學校固定在吃晚餐前到公園去拉單槓和撐雙槓，有一陣子則是拿槓片在宿舍做復健運動。因為時間真的不夠用，因此我社交的時間一直不斷在減少。

　　階段產出：由於基礎底子比較薄弱，考試方面總是沒有辦法考得比北京清華大學部直升的同學要好，在這個階段我的平均成績是在88分，對應等級B+快到A-左右，差不多是排在50%附近。論文發表方面是兩篇IEEE會議、以及兩篇IEEE期刊，其中有一篇Transactios還在審。運動方面的話我們學校有拿了兩次北京排球聯賽冠軍，在中國學校裡，排球的特長生隊和一般生隊差距是比較大的，因此比較容易拿冠軍。

　　遺憾：介紹做研究沒有經驗，從公司項目的實現需求作為切入點，沒有調研好從前沿的課題切入，導致後面在逆向構造文章時很困難。沒有將研究內容往學習算法方面上靠，只把過往所學能用的知識工具盡可能用上去。

〔博士後〕

　　驅動力：現在這個階段的驅動力主要來自企業中的需

求，介紹企業博士後、介紹和研究院的區別、介紹公司人員對於博士的認知、介紹平時會接觸許多供應商、畢業學校後的壓力、一般人對於台生的看法、介紹畢業同學之間壓力。

學習習慣：介紹學科知識庫、文獻資料庫、專利資料庫，介紹電子書製作使用習慣。

運動習慣：爬樓梯、跳繩。

〔20230506 補充〕

之前在工科系演講時，由於不知道學生們的組成和需求，有好多東西都沒有分享出來。後來才知道原來都是大一的學生，並且最後聽老師們反應說很多同學不太喜歡某些科目的課程，不知道為什麼要學那麼多。

當下第一時間的反應，只回想起了以前在安排各種不同系所開設的課程時，很容易遇到衝堂的問題，想要自己合理安排什麼學期應該上什麼課程是一件不太容易的事情。不過後來在飛機上又回想起了一些想法可以分享出來。

對於工程領域來說，大部分的科技產品、製造設備，都是涵蓋著多種不同的學科領域知識。工程科學系的課程安排，對學生未來的職場發展是一種先天優勢，木桶理論可以很形象的來闡述。也就是說，一個人能力的上限，就好比木桶裡裝的水的高度，不是取決於最長的板子，而是最短的那一塊。因此在系上安排的課程裡，最好不要偏科，要想辦法把自己不擅長的那一個部分補起來。

雖然有人可能會說，有短板沒有關係，我可以讓木桶傾斜，盡量只讓水往長板的方向移動，或者是讓別人的長板來彌補自己的短板。但這些是更高層的管理者才能決定的事情，一般在進入職場沒待上好一段時間的人，工作要求你的木桶該往哪裡傾斜，往往不是自己就能夠事先決定的。

並且自己如果有明顯的短板時，在內部競爭激烈的實驗室或者公司環境中，會不容易立足，很容易會被別人拿捏住而變得被動。

另外在學校裡多修點課程，一大重要的目的，是培養自己自學的能力。藉由規定的作業與考試，來評估自學的有效程度。因為未來在畢業後，新的知識與技術不斷推陳出新，學習是不能中斷的，否則就會逐漸與社會脫節。

而在畢業後，就需要依靠之前在學校裡訓練好的一套自學方法。若這套自學方法在學校中是經過檢驗，有明確的量化分數指標作為參考，那麼在畢業後自學各種領域的知識時，心裡就會比較踏實、比較有自信。知道自己自學的品質，是可以和在學校時學習理解的程度是差不多的。

博士後代表分享心路歷程

大家好我是王啟倫，感謝高研院邀請我來參加研究生畢業暨開學典禮，原本說好只要 2 到 3 分鐘致詞跟各位同事期勉一下，結果時間被加到了 8 分鐘，並且還要求是類似脫口

秀的形式，瞬間讓我有點不會了。畢竟我平時就是個搞科研的，不太會搞笑。不過既然已經安排好了，那接下來我就跟各位分享一下我博士期間的一點科研歷程。

首先跟大家介紹一下我是臺北人，不知道剛才你們有沒有聽出來我的口音，我碩士班畢業于新竹清華大學的動力機械系，是 17 年時才來到北京清華大學的自動化系攻讀博士，研究領域是仿人機器人。印象比較深刻的是，在我第一次參加實驗室組會時，聽著導師批評其他同學的報告說，你們不要老是擺出那些唬人的數學公式，重點概念一個都沒先抓住。於是在下一次組會輪到我第一次做報告時，只先講機器人演算法的設計概念，沒提到什麼數學公式，想說導師不太喜歡看嘛。結果導師聽完後反而問說，你這怎麼一個數學公式都沒有？接著便開始一頓狠批。這讓我學習到一件事情，就是導師的批評都是有建設性的，但是在根據意見進行調整時得要拿捏好，畢竟最後你的報告或研究成果都是只有自己能夠負責的，導師並不會為你負責。不過回想起來挺有意思的是，以前每次開組會時，我跟清華本科直升上來的同學們經常會被導師炮轟，說你們這些什麼學霸，根本就是一群學酥，一碰就掉渣。意思就是基礎概念不牢固，在被別人不斷地質疑下很容易就開始懷疑自我。因此在每週這種高壓的組會下，我跟我同學們都被訓練的邏輯較為縝密、抗壓能力較強。

另外，我的導師在自動化系有開設一堂本科生的機器人交叉項目課程，並且每年本科生在上完課後，會和實驗室的

研究生一起去參加機器人世界盃足球賽 RoboCup，組別是 1 對 1 和 2對 2 的成人尺寸組，就是讓大型仿人機器人在場上自動控制去踢足球。當時我們的機器人硬體平台是由優必選科技的北京研究院開發，身高約 1 米 4、體重接近 50 公斤、也就是 100斤，而 RoboCup 的比賽規定是只准一個人作保護跟在機器人的後面，一旦機器人不穩準備跌倒時，就要抬到場邊重新入場。由於當時實驗室裡只有我能夠抓起 100 斤的機器人在草地上快速移動，於是我自然成為了場上的機器人保護者。然而，要在機器人跌倒的過程中，才反應去抓住它並不是件容易的事情，所以我學會觀察機器人各種細微動作，並且在做實驗的過程中扶機器人還扶出心得出來了。發現每當機器人走不穩時，只要我在某些情況下朝著機器人的一些特定方向施加一小點力，就可以使機器人保持平衡接著便進一步去想，要是我把這種施加力的規律寫成一種演算法，那是不是機器人就可以自動保持平衡了？因此這成為了我博士研究工作的相關起源之一。

在我實現了機器人的相關演算法後，機器人踩不平路面的 demo 效果非常好，我就以為能夠發表國際期刊了。當時我認為這個 idea 是我自己想到的，完全沒有參考別人的文章，並且比當時許多視頻中的位置控制機器人 demo 效果要好，這不就能夠證明我的演算法不僅創新，並且性能還很好嗎？然而事實並非如此，剛才所說的這些結果只是研究成功的必要條件而已，因此我在期刊投稿時受到了阻礙。審稿人摸不清我的技術來路，不知道你是怎麼搞出來的，也不知

道為什麼效果就是很好，並且質疑我演算法的創新性和性能表現，很難使審稿人們一致通過接受文章。直到在二審拒稿後，我的文章被主編轉給了一位仿人機器人的資深專家手上，他才指出原來我提出的這個機器人演算法是 2007 年一篇頂刊論文方法中的一種特例，所以創新性不足。以上整個投稿過程足足多耗費了我 1 年多的時間。

後來我的博士研究，才從科研民科轉入了科研正規軍的道路上。我把已被指出沒有創新性的內容弱化，將原本的研究內容拆分為地形估計和運動控制兩個部分，尋著文獻重新調研我研究的技術起源，證明我研究的創新程度；補充理論推導，從數學上證明我提出演算法的強健性；並且在模擬中和其他文章提出的演算法進行對比，證明我演算法的性能表現。最終這兩篇文章先後發表在了 SCI 期刊上，並且博士研究的主要成果是發表在了 IEEE Trans 控制工程領域的頂刊上，兩篇期刊的影響因數加起來快 10，還算過得去。因此像最近我在擔任你們研究生的預答辯、畢業答辯、或開題答辯的評委時，我不斷反復的提醒你們要做好文獻調研工作，並不是要求形式主義或寫八股文，是因為我在這方面吃過很大的虧，希望各位不要重蹈覆徹。

回過來說，科研除了推動人類知識的邊界之外，對個體的精神成長也是一種特殊的磨練。近來，我讀到一句名言：如果專注力是用分鐘，自律力是用小時來衡量的話，那麼創新力則是用年來衡量的。一個長期投身於某個科研領域的人，對於知識和技術，都懷有一種崇高的敬意。因為你知

道，每一項突破性的發現，都是通過數不清的實驗、分析和思考而獲得的。就算是一個科研領域的初學者，只要你準備好隨時學習和貢獻，你也可能某一天成為該領域的先鋒。反之，即使一個天才的科學家，無論多麼卓越，科學界總會有超出你認知更深入的問題，而且科學的進步從不停歇。在生涯和學術中，我們都在不斷地切換著學習者和導師、探索者和發現者這兩種角色。科研賦予人智慧，在不斷追求智慧、挑戰未知的過程中，我們總能找到最適合自己成長的道路。

最後，祝福各位新生，你們每一次的努力都有回報。同時也祝福各位畢業生，未來事業有成、人生順利，謝謝各位。

十的十次方

王興隆創造分享的價值

原文刊載於成大校友雜誌《成人之美》十月號

文／成大校友聯絡中心、張培哲　　照片提供／王興隆

三年前，王興隆建立一個社群平台，以分享的方式傳播善意，不接受捐款。

他認為一個志工，其實不用整天執著在做什麼，只要一天一封分享的信，這個地方的人就能凝聚出一種共識。如果得

成立無名氏分享園區的王興隆，強調不接受捐款，用分享做公益。

知哪裡有弱勢團體，缺了什麼，經過彼此相傳，直接將捐贈的物資與款項流入該單位，無論金額大小、件數多寡，都由自己發心。

一人成百，百人成千，王興隆建立的無形資源，逐漸能實行具體的構想。但大凡籌劃一個非營利組織，勢必需要經費才能營運，若不接受任何捐贈，它要如何自主運作？

「我的朋友陳燦榮，有一筆錢不放心捐給別人，要我幫忙煩惱。」王興隆便建議這位成大校友，不如把錢拿去證券公司開戶，如果老天爺讓它獲利，就全部拿來做善事；要是沒賺錢，那就當作股票投資。

結果五百萬元左右的資金，竟然在一個月後，增加了三百多萬元！王興隆問陳燦榮：「這筆錢，你認為是你的嗎？」

「他說不是，我也覺得不是我的。」王興隆搖著頭，笑著說。

因此三百萬元全數作為公益用途，更在二〇一一年，成立了這個非正式的社團——無名氏分享園區。

創辦國喬電腦

王興隆，畢業於成功大學工程科學系，服役後在空壓機大廠復盛集團工作三年，辭去職務赴日爭取小型商務電腦在臺總代理，一九八〇年創立國喬電腦。

創業維艱，自己三年沒支薪，為了給付員工薪水，一度

批發皮鞋擺攤賺錢。直到公司轉型設計軟體，推出報關文件處理系統，不但取得獲利，更讓原先批售合作的製鞋業，紛紛委請國喬為工廠打造鞋廠管理系統。

一九八〇年創立的國喬電腦，王興隆已結束其事業，但旗下軟體一度風靡全球華人世界。

　　為此，他向宏碁訂購中文終端機，但測試了三個月，系統始終不穩，最後決定捨棄昂貴的中文硬體介面卡，僅開發軟體搭載於個人電腦，系統命名為「國喬漢碟」，即所謂的國喬中文系統。

　　那時候市場的中文電腦售價在二十五萬元以上，光華商場所組裝的個人電腦，三萬元的價格只能執行英文程式。像這樣僅僅一套軟體，不但能提供繁體與簡體的輸入，發售時更附上國喬研發的文書軟體KS2，瞬間讓中文電腦普及全臺，甚至擴展至香港及其他華人圈。

　　然而，當時的臺灣還未解嚴，他怎會想及將簡體字納入系統之中？

　　「因為新加坡是用簡體字的，美國則是這兩者的華埠都有。」因此王興隆打算在開發階段直接涵蓋簡體字型，卻在

此時發生始料未及的阻礙；戒嚴的臺灣，根本找不到簡體字的資料。

經過胞弟的建議，王興隆專程飛往美國到書店找資料，更準備了有夾層的皮帶，把簡體資料拆成一頁頁，折入暗匣塞得滿滿的，所幸順利通過海關。而販售時，只在海外地區宣傳簡體功能，本島地方則無須提及，亦不會有此需求。

即使飽受盜版之苦，王興隆（圖左）依然將所有經費挹注於研發，國喬電腦在軟體工程方面屢屢獲獎。

「人家在走私金塊與毒品，我偷帶的是字典！」王興隆念及往事，忍不住大笑。

僅以軟體建構的電腦中文環境，發行不久即遭人破解；一套六片磁碟片，包含雷射孔防盜保護，單片成本價五百元，盜版商索價一百萬元，要脅將之四處散播。但王興隆心想，既然有人能破解，付了一個又一個，公司怎麼可能負擔得起？況且，他希望把所有的精神跟資源專注於研發，若還要煩惱這些事，真的沒有心力。

著作權法的缺憾，讓國喬電腦受仿冒侵襲而虧損，只是王興隆不以為意，依然將所有經費挹注在程式研發；他甚至

將中文系統、文書處理及電子試算表無償提供，避免國內各級學校使用侵權軟體，大大減輕教育部在有限經費下的窘境。

日後，國喬電腦更進一步推出「神奇畫家」，是王興隆遠赴上海電影藝術學院請人繪製動畫分格圖，並對外取得為數眾多靜態圖授權，成功在DOS系統的環境裡，打造一個寓教於樂、近似Windows畫面的繪圖軟體，不僅獲獎連連，更在市場取得佳績，叫好亦叫座。

「我能夠做的，我就盡量做，要賺錢，再從其他方面去賺。」對他來說，賺錢很容易，就看怎麼做而已；重要的是，人真正能做什麼？

上海一條街，馬特拉不拉

一九九二年，王興隆代表臺北市電腦公會六十八家廠商籌畫上海電子一條街，參與人士在北京故宮合影留念。

當年的資訊產業規模不似現在，臺灣土地又因房地產炒作的關係價格極高，一間公司好不容易獲得了資金，卻連廠房也蓋不起。

一九八八年，王興隆擔任臺北市電腦公會常務理事，向同業談及曾前往大陸探親的經驗。他認為那裡的地很多，江南一帶的人自古又因紡織繡花之故，手工很巧，很適合當作業員，建議大家不妨組團參訪，考慮將工廠設在大陸。

不知不覺，這個同業公會的設廠計畫，竟然變成臺灣第一個到對岸考察的正式團體；其中更有媒體記者隨行，每晚都得趕著發稿，隔天新聞在臺灣刊出，每一件事都是頭條。

「有些立法委員搞不清楚狀況，還說我們賣臺！」王興隆覺得，這一切其實只是把大陸長什麼樣子，好與不好，傳回臺灣給大家開開眼界而已。

談判了幾次，大陸各地皆希望他們能在當地設下據點，最後決定先在上海打掉一條街，按照計畫承租三年，於今日的芙蓉江路，成立所謂的「上海電子一條街」。從此以後，廠商們逐漸自行往崑山、吳江及蘇州等地蓋廠，開始了臺商西進投資的熱潮。

這段經歷，讓王興隆成為當時最瞭解大陸經商狀況的人，官產各界相繼洽訪，紛紛請他講述如何與對岸進行交涉；而他也把自己的心得，毫無保留的傳授。

「我只希望他們如果因此有了成就，能把賺的錢撥出一成做公益。」王興隆認為，老天爺之所以讓一個人賺錢，其實是要人做更好的分配；如果只是自己享受，那就太可惜了。

老天爺讓你能賺錢，其實是讓你做更好的分配；

如果只是自己享受，那就太可惜了。

　　如此慷慨的人生態度，意外使他與公部門有著奇妙的緣分。

　　一九九六年，法國馬特拉公司與臺北市政府捷運工程局因合約糾紛，片面將技術人員全數撤離，耗費公帑四百餘億元的木柵系統可能廢止，最後竟能藉由臺灣工程技術完成通車；當時的臺北市長陳水扁更留下一句「馬特拉不拉，我們自己拉」，至今仍然膾炙人口。

一九九六年，王興隆（圖中）籌組臺北捷運公司行控科技顧問組，處理馬特拉撤離所遺留下的後續問題。

　　而當中所說的「我們」，其實就是王興隆短時間籌組的團隊。

　　「那年我在高速公路開車，接到陳再來的電話，要我當臺北捷運公司的董事。」王興隆向這位曾任臺灣機械董事長的學長表明，自己實在沒能力投資，得到的回覆卻是請他擔

任臺北市政府的法人代表，不支薪，僅有每個月幾千元的車馬費。「先跟我講不用做什麼事，結果我一進去，董事長陳朝威就說馬特拉跑了，問我能不能幫忙？」

於是王興隆開始交涉，聯絡了幾個單位未果，發覺只能動用自己的人脈，便轉而向成大工程科學系求援。

「系上教授一看到我就說，王興隆，當時甭好好讀冊，無代無誌去盛這個炸彈！」但嘲弄歸嘲弄，經王興隆提出解決方案，教授們深感興趣，紛紛表示願意相助；而他過往不吝伸援的個性，這時陸續獲得各方支援，終於匯集產學二界，全力處理馬特拉撤離所遺留下的後續問題。

讓老有所終，有所用，有所長

很多人都罵他傻，尤其是公司裡的股東，說他怎麼不趁機撈上一筆？但王興隆只是一笑置之，甚至當陳朝威提議由國喬來承接捷運的電腦維修時，他隨即婉拒。

王興隆於二〇一四年主持無名氏分享園區志工大會。

後來內湖線連接原木柵線行駛通車，由加拿大龐巴迪公司進行全面系統更換，試運期間事故頻傳，臺北捷運再一次的向王興隆尋求協助。就因為不曾與捷運單位有過生意往來，在面對監察院的調查聽證時，取得委員們的高度信任。

「今天如果我唯利是圖，他們可能就是另一種態度了。」兩度進出公共工程的他，從不帶走任何東西；以為名利隨緣，要做，就要做自己的主人。

這樣的氣度與個性，讓他近年來經營社會企業，廣為眾人支持；甚至當無名氏分享園區籌劃成立長壽社區，在地價、設計及售價都還不清楚的狀況下，一下子就獲得近百戶的預訂。

無名氏分享園區發行一萬兩千張公益悠遊卡，提供給各種不同的公益團體運用，由善心人士加值，轉贈給有需要的人，以避免遭受搶奪襲擾。

「一開始是大家的父母親歲數大了，需要長照，想找比較好的安養院。」王興隆表示，他們曾往新北市三芝區參觀由校友潘冀主持建造的雙連安養中心，覺得那裡很好，費用什麼的都沒有問題；可是一問何時可以入住，居然要排二十

年！

於是從找地開始，去年九月，社區一度決定要設置在日月潭一帶，卻因山地保育區環評、水土保持的問題，一戶最多只能分得十坪，計畫因而中止。直到今年，經由校友聯絡中心主任蕭世裕、經理歐蓉蓉的協助聯繫，王興隆與臺南市交通局長張政源會晤，終於覓得九份子重劃區的土地，讓這個長壽村的計畫逐漸成形。

「我心目中的社會企業誰來做？最好是一輩子歷練過，還在巔峰狀態退休的這群人。」他覺得這些人，若能進行資源的重整，就還有一、二十年可以發揮所長；早早的退休養老，或者遲遲的佔住位置不走，都是人才的浪費。

於是這樣的社會企業，毋須再汲汲於獲利，多出來的盈餘便能提撥出來，照應弱勢的族群。而公司不只創造工作機會，亦能提供有志伸展的年輕人，在進入職場之前的最後一哩路；因為這些退休人士，原先都是身經百戰的企業家，用那一甲子的功力醍醐灌頂，無論是眼界、膽識與能耐，定能有所造就。

況且退休的人再怎麼做，頂多十餘年，必然需要進行傳承與接續。從社會的結構面來看，無疑是最自然的活化與再造。

這就是王興隆心底的願景，一個永續發展的社會，讓「老」不只有所終，還能有所用、有所長；自給自足，把人生的經驗留給下一代，自己則無所牽掛，學習關於生命路途中不曾懂過的事，一路玩到掛。

而一切的理想，都有機會在長壽社區實現，讓他不計奔波勞頓，盡心盡力。

　　「人家說我不太實際，可是那些天上跑的想法，一旦機緣成熟，我抓下來帶著鋼盔就去做了。」說到這裡，王興隆不由得笑了。

創造分享的價值

　　七月底，成功大學一○三年度校友傑出成就獎得獎名單公佈，王興隆被選為今年的十位傑出校友之一，各界親友紛紛表示慶賀，他亦感謝眾人的幫助與支持；但他最感念的，是自己在大學時的恩師——夏漢民校長。

　　「有一年為了辦活動沒念書，就只在考卷上簽名，以為

時任國科會主委的夏漢民教授（圖中右）參加王興隆（圖中左）主辦活動的合影。

老師看在服務大家的份上讓我補考，結果死當！」說起這段往事，王興隆仍有些靦腆。還記得夏校長的叮嚀，學生的本份是讀書，讓他只好重修。

創辦國喬電腦那年，他跑回學校向校長報告，自己公司的宗旨是「服務社稷，報效國家」。夏校長說很有志氣，勉勵他莫忘初衷，不要有了成就就不一樣。

如今，無名氏分享園區有個標語寫著「十的十次方」，意思是我雖渺小，但讓言行感動十人，十人再十人，輪迴十次，按理應能遍及百億次數；而地球不過七十億人，要想世界更好，似乎就不那麼遙不可及。

無論榮枯得失，王興隆總將自己變得很小，就為了把世界變大；而三十四年過去，他終於可以抬頭挺胸地告訴夏漢民校長：

「學生王興隆做到了。」

禮運大同篇

大道之行也天下為公選賢與能講信修睦故人不獨親其親不獨子其子使老有所終壯有所用幼有所長矜寡孤獨廢疾者皆有所養男有分女有歸貨惡其棄於地也不必藏於己力惡其不出於身也不必為己是故謀閉而不興盜竊亂賊而不作故外戶而不閉是謂大同

親子恭誦禮運大同篇

阿隆帶著龍龍圓圓嘟嘟小鳳

都在繁榮辦公室恭誦

禮運大同篇

阿隆和好友志工們

朝大同世界小步前進

新一代志工也加入奉獻才能

孔子禮運大同篇流傳後世

2500年後的現代

我們這兩代人有可能實現世界大同

修齊治平

1991年元旦大書法家黃伯平

惠賜阿隆墨寶

做新居落成賀禮

懸大廳天天自勵

看了34年

發覺自己

修身有限

齊家四孩

治國絕緣

平天下無力

四個孩子也看著這四字長大

或許他們子孫辦得到

人生顧問508

教子書：有教無類，天生我材必有用

作　　者—王興隆
編　　輯—黃培玟
協力編輯—謝翠鈺
企　　劃—陳玟利
封面設計—林采薇、楊珮琪
美術編輯—李宜芝

董事長－趙政岷
出 版 者－時報文化出版企業股份有限公司
　　　　　108019 台北市和平西路三段二四〇號七樓
　　　　　發行專線—（〇二）二三〇六六八四二
　　　　　讀者服務專線—〇八〇〇二三一七〇五
　　　　　　　　　　　（〇二）二三〇四七一〇三
　　　　　讀者服務傳真—（〇二）二三〇四六八五八
　　　　　郵撥—一九三四四七二四時報文化出版公司
　　　　　信箱——〇八九九　臺北華江橋郵局第九九信箱
時報悅讀網—http://www.readingtimes.com.tw
法律顧問—理律法律事務所 陳長文律師、李念祖律師
印刷—勁達印刷有限公司
一版一刷—二〇二四年一月十九日
定價—新台幣四二〇元
（缺頁或破損的書，請寄回更換）

教子書 / 王興隆作 . -- 一版 . -- 臺北市：時報文化
出版企業股份有限公司, 2024.01
　　面；　　公分 . -- (人生顧問 ; 508)
　ISBN 978-626-374-842-2(平裝)

1.CST: 修身 2.CST: 人生哲學

192.1　　　　　　　　　　　112022776

ISBN 978-626-374-842-2
Printed in Taiwan